JN074098

遊女屋の入浴（落合芳幾画「時世粧年中行事之内　一陽来復花姿湯」）

湯屋（江戸前期の咄本「鹿の巻筆」より）

浮世絵　湯上り美人画
（鳥居清長画／２点とも）

浮世絵　据風呂入浴図
(上)香蝶楼豊国画「五節句ノ内皐月」(一部)
(左) 歌川国芳画

遊女屋の入浴（二代国貞画「源氏中卍楼遊興」／明治２年）

男女入込湯

かかり湯(艶本より)

武家の入浴
（右）草双紙「浅草苅十社縁起」／梅蝶楼国貞画

柘榴風呂入浴図（右図も／鳥居清長画）

女湯でのいさかい（左）と
喧嘩に驚く番台の湯番（上）
（芳幾画「時世粧年中行事之内　競細腰雪柳風呂」）

銭湯の歴史

【第五版】

中野栄三❖著

雄山閣

本書は、弊社より一九七〇年六月に〈初版〉を出版し、以後、左記の通り版を重ねてまいりましたが、今回の〈第五版〉刊行にあたっては、改めて〈初版〉を底本として、原文を尊重しつつ明らかな誤字・誤植を修正、不鮮明図版の差し替えを行い、さらにカラー口絵も加えて、より読みやすくなるよう版面レイアウトを一新いたしました。なお本文中において一部に不適切な表現が見受けられますが、執筆時の時代的背景や本書の資料的価値を考慮し原文通りといたしました。何卒御了承願います。

（雄山閣編集部）

【刊行履歴】

・一九七〇年六月（初版）『銭湯の歴史』
・一九八四年一月　雄山閣ＢＯＯＫＳ⑯『入浴・銭湯の歴史』
・一九九四年十一月　〃（新装版）『入浴・銭湯の歴史』
・二〇一六年九月　雄山閣アーカイブス歴史篇『入浴と銭湯』

目次

第三章 銭湯史

第四章 入浴雑考……153

はじめに

われわれの日常生活の中で、欠かせないものの一つに入浴ということがある。だがそれはあまりにも当然のことのように思えてか、人々はただ紀行文学などに、その魅力的な情緒を描いているだけであるけれども、さて入浴の歴史とか浴場の変遷といったこと、ことに営業浴の銭湯について書いた書物は案外に稀れである。

不思議なことに、歴史上大きく時代が変化して、新しい時代への転換期にはいつも浴場の流行が起こっている。その理由はわからないが、およそ入浴趣好や浴場形態の変遷には、それぞれ時代世相の反映があり、世の中の風潮や人々の生活風俗の考察には見逃せないものがある。

本稿にはそうした意味をもふまえて、もっぱら諸文献による入浴風俗史と、わが国銭湯のさまざまを述べることとした。われわれの生活資料としても参考とならば幸甚である。

著者

第一章 入浴史

入浴の習性と水浴

♨入浴の習性

われわれの生活の中で、入浴ということはいまや必要欠くことのできない要件となっているのだが、それは必ずしも衛生的な理由ばかりではないらしい。人々が入浴を欲求することには、もっと本質的な沐浴による身心の爽快さに対する魅力とか、ある場合には清い流れなどを見て、そこに入りたくなるような水浴の衝動があるということも考えられる。

「カンボヂヤ地方は熱帯地で、非常な熱さのため人々の活動も決して普通の敏捷さと努力で長時間の勤労を続けることはできない。それほど耐えきれない熱さなのである。しかし幸いなことには、毎日何回となくスコールがやってきて、急激な雨を降らせる、このときだけはホット息がつけた。ところで、短時間の雨ではあるが、このとき街の女達はすばやく家から路地などに飛び出して、身体に巻いている布を脱ぎ、それを巧みに操って雨で裸身を洗う風習があった」と聞く。これなども人間の沐浴習性の現われと見ることができるだろう。

また戦時中南方に公使として赴任していた友人で、学生時代からよく顔を洗う癖のあった男と、かついっしょに信州の温泉地に旅行したことがある。街の中にも諸所に、無料の共同浴場やそれから温泉銭湯などがあり、友人の男はそうしたところを通るたびに、しばしば入浴したがって困ったことがある。旅館に落付いたときならまだしも、途中で衣服を脱いだり、浴後の身を拭ったり面倒に思われるのに、彼は何回でも入浴したがる。何か特殊な入浴への魅力をもっていたのであろう。

昔の江戸ッ子の「湯好き」というには、別の理由が考えられないではないが、やはり湯好きの習性といったものがあったのかも知れない。

原始民族の間には、朝起きると鍬や鋤を肩にして野や山に出かけて穴を穿ち、そこに用便をしたり、あるいは河に近い住民は河中に半身を浸しながら用便を行ったという。また同じように河岸に近い生活の者はそこで水浴もした。こうしたことからやがて、住宅に付属した厠や浴室設備が発達したのである。

形態の変化

入浴の習性から、入浴の方法または浴場の形態などが、漸次風俗として普遍化したことは当然であろうが、それらが普及した過程には、あるいは信仰と結びついて盛んになったり、あるいは温泉の発見によって水浴から温浴嗜好に転じたり、そのためにさまざまな変化があった。

かの「白鳥の伝説」(「白鳥伝説」の項参照)などでは、美しく静かな湖水に天女が白鳥と化して舞い降りたというのであるが、これは湖に水浴する若い乙女の物語を美化して伝えたものだという。美しい自然の神秘に魅せられることも、さることながら、人々の入浴への魅力もうかがわれるのである。

古い文書のうちには、風呂をたてて客を招き、入浴をさせることを「風呂馳走」といっていたことが見える。あたかも心づくしの料理を作って饗応するのと同様に、入浴をも馳走と称したのである。後年にもわが国では、他家にて「貰い湯」をして帰る折には「御馳走」さまと挨拶する風俗があったのは、この名残だったといわれている。

飲食の前に入浴させ、浴後の酒をことのほか賞味した風は、浴後の爽快さの上にさらにくつろいで、好きな酒を汲み交す快楽をいったものである。

かのフックスの『風俗史』の中にも入浴の古画がいくつか載っているが、主客がいっしょに入浴して、その浴槽に板を渡しその上に料理を並べて饗応している図がある。いずれも御馳走だったのであろう。

次に裸体と入浴の習性ということもある。入浴には裸体になるのが当然のように思っているけれども、古くは浴槽内で浴衣を着た風俗も行われていたし、ことにそれが他人の面前で平然と丸裸の身を互に晒し合うなど、どういう習性なのか、入浴と裸体のことではさらに別項に掲げることにしたい。

♨洗浴と信仰

入浴の原始的形態は水浴であったに違いない。そして人間の本質的な入浴習性のほか、もちろん生活に必要な游泳から入浴を兼ねた場合もあったろうし、あるいは信仰と結びついた水浴風俗もいくたの例が見られる。

洗浴の清潔感や爽快感が清浄の思想を発生させたことは、おそらくは民族の世界的に共通したところであったと思われるのだが、さらにそれは諸種の穢れや身の不浄、心の罪障までも洗い浄められるとの信仰に発展したことは、またきわめて原始的な自然の姿でもあった。キリスト教におけるヨルダン河の洗礼、回教徒における聖洗水浴なども、このことが宗教上の儀式化したものであり、仏教にも同様な思想が行われていた。

わが国の「禊（みそぎ）」も、身そそぎの約言といい、身心の清浄のための洗浴のことで、信仰上の参拝儀式として行われたり、あるいは祈願にあたっての心構えとして、または大事に臨んでの心得として洗浴が行われたのである。「沐浴斉戒」「水垢離」風俗などがそれだった。

「手水（ちょうず）」風俗も身そぎの形式化であり、手や顔を洗うことをいう名で、盥行水の「手水化粧」があり、神社の社前には「手水鉢」があって、参拝の前にこれで手を洗い、口などを嗽いした。また厠（かわや）を近代ではもっぱら「お手洗い」と呼んでいるが、大小用便とも済ましたあと厠から出ると、手洗い場で手先を洗う風習がある。これなどもすべて形式化した風俗で、汚れなくとも不浄を清めるとの意味だった。

江戸城大奥のお局などには、厠へ行くにもお付女中を随え、両人ともいっしょに厠に入って、跡始末まで女中にさせたという。それでも出てくるとお局は手洗鉢の水を手にかけてもらって洗ったのである。

明和、安永の頃流行した「手水組」というのは「おしし組」「小便組」とも呼ばれた悪質な妾稼業の組織だった。普通の妾となるというのではなくて、それを稼ぎにした者で、手づるを得て大名邸などに妾奉公に差出して、女を紹介し、仕度金をとった後、やがて床に小便をもらして、性来夜尿症の癖があると訴え愛想づかしをなし、再び手切金などを要求するといった悪徒なのである。そこでこうした連中を「小便組」と称し、やや上品めいて「手水組」ともいった。

手水の語はまた転じてこのような用便の別称ともされ、商取引でいったん契約しておきながら途中で解約したり、あるいは破約するのを「小便した」と俗称するのも、この小便組から起った名だという。とにかく、このように洗浴風俗は清浄の信仰と結びついて、さまざまな風俗を発生させている。仏教と入浴または洗浴のことについては、さらに別項で述べる。

♨白鳥伝説

水浴の伝説と見られる「白鳥伝説」は、わが国でも養老七年に近江国与胡の江の南津に、八人の天女が白鳥となって天降り、浴みしたとの伝説がある。この白鳥というのは、水に飛び込むさまか、水上に上体を浮べたさまを白鳥に擬して美化した伝説であろう。古代印度の神話やギリシヤの神話にも白鳥は水の精の女神であったり、天女とされている。かのわが国の三保の松原に伝わる「羽衣天女」の物語も似たような話として謡曲に見えるが、菊池寛作の小説にもなっている。その大要を掲げると、

風光明媚な三保の松原に天女が天降り、海浜のあまりにも美しい風景に、舞をまい終ると、やがて松の枝に羽衣をかけて水浴していた。ところが計らずもそこを通りかかった一人の漁夫がそれを見つけて、羽衣を持ち去ろうとした。天女は羽衣を失っては再び天界に舞い戻ることができないので、漁夫に羽衣を返してくれと懇願したが、漁夫はその姿を見るとさらに情を強くして、天女にわれの願いも聞きいれてわが妻となってくれることを約束したら羽衣を返すといいだして聞きいれなかった。天女はしかたなく遂に漁夫の願いを入れて、その家に随って行ったが、両人はその後永く仲睦まじく暮した。と、この物語を艶麗な文で綴っている。実際にもこの地方の少女は、海浜に育って幼い頃から泳ぎを覚え、

としごろの娘も夏の頃には、朝方など人通りのない海浜に来て、砂丘に無雑作に衣服を脱ぎ海水浴をする風習があった。だから、もしもその折に着衣を持ち去られるようなことでもあると、乙女心に丸裸では陸へあがることができないだろう。前記の伝説もこうした情景を美化してできた物語と思われる。

この種の水浴と羽衣物語における羽衣について、学者の考証によると、「『建武年中行事』に、御槽に御湯帷（みゆかたびら）を召して入らせ給う。三杓聞こしめして天羽衣、槽の間に脱すて、更に御浴衣を召して上らせ給う。との記あり、『古語拾遺』には、羽衣とは衣服を古語に白衣といえる羽にして、薄絵を以て製れる謂いなるべし。明衣とは御湯を聞こしめして、清まらせ給うに御す意、阿加婆（あかは）の婆も羽に同じく、薄絵の謂と聞え、浪衣は御湯に浸らせ給う時の状によって名とせしなるべければ、天羽衣の浴衣なること知るべく云々」とあると説いている。

♨羽衣と浴衣

天羽衣の天は天上の制に倣っていったことで、貴き方の召された「ゆかたびら」のことだという。別項『女礼備忘随筆』でも語られているように、貴女の入浴には浴槽内でも湯具のほかに浴衣（ゆかたびら）を着して入られていたのである。

薄い絵帷であったところから、これを「羽衣」と称したのだった。「明衣（あかは）」は浴槽内で着された羽衣の意となり、「浪衣」の名はやはり同じく浴槽内で召された状から起った称、「浴衣」は湯から上られる折に着た別の衣なのである。

水浴の裸婦図

かくて古くは水浴が行われていたことは、想像に難くないが、貴女などはそうした際に薄い衣服を用いたのを「羽衣」と称したのであったろう。羽衣といえば元来は羽毛で作られた衣であったが、それに擬して柔かく薄い衣にもそう称したのであろう。上層社会では後々まで産湯の儀式には、式服にこの名残りが用い伝えられていた。また常の浴槽内においても浴衣として着用され、「明衣」「浪衣」の称もあり、浴後の略衣として「浴衣」が行われたが、武家の間にも同様な風俗があった。江戸には庶民の間にこの風が移り、それが単に浴後の室内着にとどまらず、浴後のくつろぎ姿となって一面には魅力的艶姿の意味を加えたが、夏の頃にはこれを着て外出するようにもなり、江戸末期から明治時代には、夏期の軽装として流行しだしたのだった。

入浴と裸体

戦後に一時流行した「なぞなぞ」の一つに、

人と人間とはどちらが偉いか。それは人間の方である。人は人間より間が抜けている。

といったのがあった。集団生活によって個々の生活の安全を守ることは動物の間にも見られることだが、人間の社会的活動もじつは個人生活をより豊かに発達させるためのものである。

だが、文明人は個々の体格や体質においてはすでに、多くの動物よりもはなはだ弱体となり、決して自信のもてるものではなくなった。けれども一般の動物と人間との違いは、思考能力を除いても、人間は武器が持てるとしている。だからこうした人間が、何も持たずに丸裸になったら、たしかに不安で心細いものに違いない。

この点では、人間同士の間でも権威とか体面とかいったことから、それが失われた丸裸を他人の前に晒すことは怖れられた。江戸の初期に幕府が武士の銭湯通いを禁じたのは、風呂屋での武士の喧嘩事件があったからとはいえ、日頃武士は庶民の上に最上階級者として威を張り、腰にした大小両刀は武士の魂だとして肌身離さず持っていた。それでも銭湯へ行けば丸裸になって、一つ浴槽に入らねばならない。

そして髪こそ多少異るか知れないが、ただの町人と何の選ぶところもないわけで、強いていえば身に備った体格、品格、態度などでも、人間的に尊敬されるところがなく、自分から威圧できる魅力のないものは、かえって人間の劣等感から、あたかも武器をもたない人間が自然の分野に立ったと同じ脅威を感ずるであろう。

さて元禄頃までは、風呂へ入る者もみな褌をして入浴した風俗だった。これはいわゆる「空風呂(からぶろ)」とも呼ばれていた蒸風呂時代からの慣習でもあり、この頃の風呂屋は浅い湯槽があったとしても、だいたいがなお蒸風呂式のものだったからでもあろう。しかし一面には道徳的、性的面での羞恥ということもたしかにあった。

『洗湯手引草』にも記されているように、やがてそれが後年になると、褌もはづして丸裸となり、ただ手拭などで前を隠して入浴するようになった。たとえ同性同士であろうと、他人とうち混ってその面前に丸裸を晒すのは入浴のときに限るからである。

こうした風習は外国にもあったが、心理学者はそれについて、これは一つの群衆心理による現象で、久しい間に慣習となったのだという。

それでも前だけは隠すようにした。そこに羞恥心が考えられるが、また礼儀だともされていたのである。礼儀とは他人にいらぬ心の混乱、危惧など与えぬことであり、羞恥は自らの杞憂警戒の心理なのである。

♨女湯の姿態

前を隠したことはそうしたわけだが、性的な問題になるともっと複雑な理由もあるらしい。川柳に、

抱いた児をふたにして出るざくろ柘榴口

との句は、幼児を抱いてざくろ風呂を出る女が、こちらからは鴨居下にその下半身だけが眺められるのを意識しているけれども、子どもを抱え、手がふさがっていて前を隠すことができない。ではどうしたらよいかと思われるのだが、抱いた児を前のところにぶらさげて出てきた。女の機智の意外な巧みさをいった句なのである。

女湯での脱衣風景にも、結局最後には裸体になるわけだが、それでも昔の和服姿の女が脱衣の有様は、じつに艶美で女らしさの巧みさがうかがえるものだった。

まず羽目板の方とか棚に向ってひと目を背におもむろに帯を解く、さらに腰紐などいくつかを解き、長く裾を引いた着物はそのままで肩のところにて支え、腕を袖から内側に抜くと、最後に下帯をとり、これを脱衣籠に入れると同時に、身を屈めて初めて全部の衣服を肩から、辷り落すようにして脱ぐのである。その一瞬滑らかな白い肌が美しい曲線で現われたかと思うと、次の瞬間にはもはや湯道具を持って、片手の手拭を前に当てて歩きだしているのである。

流し場における女の「立膝」風俗も、いつの頃から考え出された姿か知らないが、ずっと今に伝えられてきている。ちかごろの婦人の日常生活にはほとんど立膝姿などは見られないけれども、浴場に行くとこの姿

態がある。

宮武外骨翁の説によると、女の立膝風俗は貴女の姿だったという。昔貴女の裾長姿では、その起居振舞にこうでなければとかく動作の不便があったからだろうが、またある浮世絵研究家などは、昔のわが国の女性は生活環境のこともあって、概して下肢が不均衡に短かい、それでも裾長の衣服を着て立膝姿でいる場合には、下肢が長くては決してあの美しい型は出ないともいっている。

またさらに別の説によると、裸体の女が立膝をして身を丸めるようにする姿勢は、身に一糸もまとわず、外敵から身を守るときの攻防ともにもっとも適当な構えなのであるともいう。

古くは「寝る」と「伏す」とは意味の違ったものであった。眠ること独りで寝ること、とにかく睡眠するような場合は腹を下にして伏すのである。それは動物の本能的な習性でもあって、身体の部分でもっとも柔かく、弱体であるばかりか重要な部分を守るために、腹を下に伏して寝たというのである。それと同様に立膝姿も裸体の羞恥を隠すにもっとも適した形だったのである。

裸体の心理

入浴と裸体の魅力には、入浴が身心の爽快さを得ることによって好まれるのだが、そればかりではなく、裸となってのびのびとくつろげた気分になれる喜びもたしかにあった。

夏季などに子どもを裸にすると非常に嬉しがって、なかなか着物を着ようとしない。それは暑い時であるからでもあろうが、一つには着物を脱して思いきり自由な開放感のためであろう。

大人とて心理は同じはずである。着物を着た日常生活は当然なことで、別に何とも思わないけれども、裸になったときの気持はまた格別、思いがけない別世界を経験したような気にもなる。

古川柳に、

わかもので見たことのない菊の花

との句がある。これには隠れた別義がある句なのだが、もしも誰に気兼もなく裸体で鏡の前に立ったとしたら、わが肉体の不思議な存在をあらためてしみじみと眺めることであろう。だがまた、もしもわが肉体に欠点があるとか、劣等感があるとき、その他弱体の危機を感じたとき羞恥嫌悪の情を生ずるのである。そうした意味で共同浴場における裸体風俗には、他人に見られることを嫌ったこともあったろうが、一般に馴れるとそうも思わなくなったのだった。

ただ異性の裸身に対しては、なお別な複雑な感情が禁じられなかった。このことはさらに説明を加えねばならない。

江戸時代の浮世絵にはよく入浴女性の裸体絵があるが（口絵参照）、それは入浴という場面を題材にして描いたというだけで、一般の裸婦画と変りはない。しかし明和、安永以後に現われた「あぶな絵」における、浴後美人の艶姿図や湯上りに浴衣一枚を羽織って、まだ帯もしていない絵などは、風俗的にも特殊であるばかりでなく、性的魅力を狙ったものでもある。

白い肌がほんのりと桜色に紅潮して、まだ化粧もしない素肌には、たしかに生き生きとした女性本来の素朴な美があるし、湯上りの素肌に無雑作に着た浴衣姿、それに伊達巻一つといった図などでは、日頃堅苦しい衣服で全身を包み隠した姿に反し、いかにも人間らしい女性の親しみを覚えるであろう。浴後の当人の爽快感もさることながら、浴後の肉体美にはいっそうの魅力的なものがあった。

蒸風呂の垢かきは「垢かき女」という女が勤めた。そうした職業的なものでなくとも、古い時代の武家邸などで、客を招いて風呂をたて、馳走の入浴をさせる折などでも、垢をかきその他の入浴接待役には若い女をあたらしている。このことには何か特別な理由があったのかどうか判然としない。

しかし、それよりもとにかく、入浴に関連した特殊な風俗は裸体になるということで、このことはじつは生活上にさまざまな意義をもつ問題を含んでいる。

♨男女入込湯

寛政三年に禁止された「男女入込湯」もその一つである。町の一般の湯屋銭湯で男女浴客の混浴が行われていたということは、普通ではちょっと考えられないところだが、事実そうした湯屋が流行し繁昌したのであって、女客も相当に出掛けていたわけだった。狭い浴場内に裸体の男女が群居する有様はたしかに一種の魅力に違いないが、ここで男が女の裸体に魅力をもつと同様に、女もまた男の裸体には関心があったものか、あるいは日頃は隠して見せまいとしている女の裸体も、じつは女の魅力として見せたかったのか、その意図は語られないけれども風俗には現実の現象として起こっていたのである。

遊女が馴染客と自家の風呂にいっしょに入ったり、旅館の女中などの間にも、馴染客を誘って終い湯にいっしょに入り、男の背を流すといいだす者もある。女心として男に奉仕したい気持なのか、それともやはり男の裸体にも魅力があって、自分からその肌に触れたいとの欲求はあるものなのか、いずれにせよ、入浴には裸体の姿がいろいろな意味で、大きな魅力となっていると考えられる。

温浴思想と仏教

♨湯治浴

温泉の発見は、たしかに人々の驚異だったに違いない。そして古い時代には、だから温泉の涌出にも宗教的な縁起や由来説があり、「湯治浴」として発展した。鉱泉の成分が人々の人体にそれぞれの薬効をもたらすことは当然だが、それらが神秘として受取られたと同時に、温泉はまた人々に温浴への嗜好と魅力とを与えて、温浴思想を促したのでもあった。そして、身近な生活の中に、人工的な「温浴」をも工夫するに至ったのである。

いってみれば、自然原始的な水浴時代から、入浴という人為的な沐浴が発生したのは、たしかに温泉の影響だったといえそうである。そして人々が温浴施設を考えだしてから、人々の生活風俗にもまたさまざまな変化が起こったはずである。仏教に関連のある部分を除いてもその後の庶民生活と入浴、浴場営業の諸相など、これらのことは一般の歴史上にはほとんど現われてこないのだけれども、後年における世相世代の転換期には必ず温泉の流行、入浴風俗とか浴場の変遷などの世態風潮が目立って起こっている歴史的な事象には、生活と入浴ということが、何か大きな関連をもつように思われる。

温泉の発見

それはともかく、温泉の発見はかなり古くからだといわれる。しかし、それが一般庶民の間にも伝わり、普及したのはだいぶ後のことで、自然にかかる温泉が涌出するのは、まことに驚異な現象と考えられたから、その神秘感に対しては信仰的な伝説や宗教的な説話によって、漸次広まり伝えられたのである。

上州那須温泉発見の由来には、もとこれは「鹿の湯」と称し、ある武人が那須野ケ原で手負になった一頭の鹿を追って行ったところ、途中霧の深い谷の辺でついに鹿の姿を見失ってしまった。と忽然と目の前に白髪の老翁が現われ、われこそはこの温泉の神である。汝が今たずねる鹿は、箭傷を負うたため彼方なる谷間の温泉に浴して傷を癒さんとしているのである。その温泉は諸病に奇効があるもの故、汝これより帰りて里人に告げ、病苦に悩める者を救えよ。といい、これも煙の如く姿を消してしまった。不思議に思った武人があたりを探して見ると、まさしく谷間の温泉に鹿がいたのを発見したというのである。

また美濃国の鹿の湯温泉も、大雲和尚が住まっていた僧庵の庭に、夜毎白狐が現われて庭前の巌の下を流れる泉に浴しては朝になるとどこへか姿を消したが、ある夜狐は老翁に化けてきて告げたところによると、自分は猟師のために足に傷を負ったが、この霊泉でなおすことができたとて、泉の効顕を知らせたという。加賀の山中温泉にも、建久年間猟に出た武人が傷ついた白鷺が芦の中で足を洗っているのを見て、そこに温泉の奇効を知ったのだとの話がある。

有馬温泉のかたわらに「後妻湯」というのがあり、「怒り湯」とも称せられ、人これに向って罵れば急に温泉涌沸して高く吹き上り、あたかも怒れるが如き様相を呈するのであるという。熱海の清左衛門湯という

温泉混浴図（明治期）

温泉錦絵（二代国貞画「光氏君箱根温泉浴」より）

のも同様に清左衛門が呼ばわると、温泉が噴出したというもので、いわゆる間歇温泉だったのであろうが、科学的な知識のなかった時代にはそうしたことで不思議がられたのである。ここでは効用からではないが、奇異な点で知られるようになったものである。

岩代国東山温泉では、奈良朝時代に行基菩薩がこの地に来られた折、雲がたなびく谷川のほとりに踏み入ってしまって困っていると、そのとき三本足の鴉がどこからともなく飛んできて、菩薩を案内するかのように先に行くので、その後に随ってたどり着いたところに発見したのがこの東山温泉であった、と伝えられている。

このように、さまざまな伝説や由来話によって、温泉が知れわたったのであるけれども、要するに温泉はその当初には、温泉の効果を信じて「湯治浴」として人々に利用されたが、やがてそれは温浴思想の啓示となった。

仏教と入浴

入浴風俗、ことに温浴思想の普及発達には、仏教上の寄与が大きかった。

入浴の起原は、仏像を湯で洗い浄めたことに始まる。そこで寺院の本堂のかたわらには浴殿が設けられ、これを浴堂院と名づけ、その住職を湯維那といった。後世の湯女の名もこれに因んだ称であろう、ともいわれているのである。

水浴から温浴への発展は、温泉の発見ということの影響もあるが、そこにはさまざまな信仰的な要素があった。水浴よりも温浴の快美感はたしかに人々の魅力であったに違いないのだが普及にあたっては、やは

東大寺大湯屋

東大寺大湯屋　鉄湯船
（『日本清浄文化史』より）

りその頃には信仰的理由が必要となっていた。

「温室教」は釈尊が施浴の功徳について説いたもので、そのことによって成仏するといった。わが国の仏教でもこれを伝え、仏教徒もそのままこれを信じて、聖僧から衆僧に至るまでの供養とし、浄財を勧進して各寺院に浴室が設けられるようになった。

その頃の僧坊などで「寺湯」に入浴するには「湯礼」とて、入浴のときの礼儀作法等をきびしく規定していたことが古書中には見えている。

かくて奈良の東大寺における大湯屋の施設などで、衆僧施浴は、さらに衆生施浴の傾向に進展した。そして施薬救療とともに施浴救済が寺院の済生救療事業として行われたのであった。

光明皇后の「千人風呂」の悲願は、やがて寺湯以外にも「施し風呂」の思潮をもたらし、鎌倉、足利の時代には、「供養風呂」ということがしばしば行われていた。このように温浴を人為的方法によって設け、漸次衆人の間に入浴思想が発達したことは、このことが宗教的にも採入れられたからだったといえよう。

供養風呂

奈良朝以後、鎌倉時代の各寺院に行われた湯屋浴殿における入浴形式はどんなものであったか、はっきりしたことはわからないのだけれども、一般入浴史から推測すれば、行水式の洗浴もすでに知られていたと思われるし、岩風呂式の蒸風呂が存在したことも事実だった。おそらくは、それらが場所と事情とによって行われていたのであろう。このことについては後でさらに記述する。

「供養風呂」は宗教的な功徳の観念に基いて、初めは聖僧衆僧等の僧侶に対する供養から、漸次祖先の法会などに際しては遠忌供養のために浴場が営まれたりした。かの『吾妻鏡』に見える北条義時が新築の浴室にて衆僧に施浴供養したことや、また足利時代の公卿などが市中の風呂屋を借切って客をもてなしたという類である。

♨雁風呂

また「雁風呂」ということがある。『広辞苑』には、

雁風呂（がんぶろ）。浜辺の木を薪として風呂をわかしたこと。青森県外ケ浜で雁を供養した風習。

と見えている。『古語辞典』にも、

雁風呂。青森県津軽外ケ浜で、海岸にガンが残していった木の枝を焚いて入浴したという風呂。

とある。雁は秋になると北方から海を渡って内地へやって来るが、遠い海上を飛んでくるので、それぞれ口に小さい木の枝をくわえてきて、途中海面にそれを落してその上に乗り、しばらく羽を休めてからまた再び小枝をくわえて飛びたち、かくして南の国へやってくるのである。そして目的の陸地に着くと、口にくわえた小枝はみな浜辺にすてて行くのだったが、春になって帰るときにはまたこの木をくわえて帰る。しかしその木が浜辺に多く残っているのは、これらの雁が帰るまでの間に、途中で撃たれたか死んだからであろうとて、土地の人々が雁の供養のため、この木を拾い集めてそれで風呂を焚き、諸人に浴させたというのである。供養風呂であったと同時に施し風呂でもあったわけである。

寺　湯

次に「寺湯」というのは、前述のように各寺院に設けられていた衆人の浴場で、施し風呂のことでもあったが、後年江戸時代に東北のある地には、旅人に無料で入浴させた「寺湯」のあったことが古書に見えている。しかしここでは、もう一つ別の役目を課せられていたという。それは入墨のある前科者が姿をくらまして旅に出たような場合、その探査の一と役に任じ、入浴者の裸身に前科者の入墨があるかどうか、ひそかに調べるための施し風呂だったのである。

仏教と入浴風俗の発展には大略以上のような関連事項と経緯とがあった。このことはわが国の入浴史上に大きな影響があったというばかりでなく、入浴施設の公共的な意義についても示唆するものがあると思われる。

「千人風呂」縁起

光明皇后の「千人風呂」の縁起は、

人皇四十五代、聖武帝は仁徳の君にましましければ、皇后も専ら仏教を信じさせたまい、多くの仏舎を建て、僧を供養したまい大乗根機浅からず、憐みをたれたまいし故、すでに仏神擁護の奇特あらわれ、御身より光明輝きければ、時の人光明皇后とあがめ奉りしとかや。然るに神即仏なりと怠慢の障礙にて、光明たちまち消失せり。ここに於て皇后大いに驚嘆し、大慈の悲願を発起したまい、破風造りの浴室を営み、千人の垢を清めたまはんと誓いて、自ら往来凡下の俗人貴賤を分たず流しさり給うぞ、かしこくもかたじけなき。されば九百九十九人の数も満ちて、今一人にて大願成就に至るとき、忽然として一人の乞丐出で来りたり。総身ただれ膿血ほとばしり、嗅気堪えがたく、多くの官女鼻を掩いて傍に寄るもの更になし。皇后これをもいとい給わず、いかでか悲願を空しうせんとて、自ら汚穢の旧垢を流し浄めたまいけるに、乞丐恬然として我瘡膿痒うして堪えがたし、口にて吸い出したまわらんやと云いけるを、皇后のぞみにまかせて、ことごとく悪膿を吸いたまわらんとし給う時に、乞丐の身より金色の光を放ち、善哉、われは東方阿閦仏なり。と宣いて紫雲の内に入りたまえば、后も再び光明赫々とあらわれけるこそありがたけれ。今にその事蹟奈良の里に残りける。

というのであって、仏教信仰の伝承でもあるが、また施浴供養を示したものであることがうかがわれる。浴式については文中には垢を流しとあるだけで詳でないが、破風造りの浴室内での洗浴行水であったらしい。

よってこれがわが国「洗湯」の濫觴であるとの説には、まだ考うべきものがあり、さらに近代の人々が考えている「洗湯」とは異る点に注意されねばならない。それから江戸時代の「ざくろ風呂」などにおける銭湯の破風造りは、この千人風呂の浴室に倣ったことだともいわれているし、また「三助」の名の由来についても、このとき皇后の助手として奉仕した女官が三人だったからとの説をなすものがある、

それから奈良朝時代の仏教に起った衆僧施浴が、やがて衆生施浴として盛んになったこともうかがわれ、温浴趣好もこの頃すでに大きく進んでいたことが知れる。

第二章 浴場史

石風呂・釜風呂

昭和四年七月雄山閣刊『日本風俗史講座』、第十巻に収録された中桐確太郎氏稿「風呂」（一五二頁）は、

〔第一〕風呂の語義及由来。⑴風呂の語義、⑵八瀬の竈風呂、⑶瀬戸内海の石風呂、⑷朝鮮の汗蒸、⑸米印人の汗浴、⑹スキタイ族の汽浴、⑺フィンランド地方の汽浴、⑻シベリヤ地方の汽浴、⑼熱気浴から蒸気浴へ。

〔第二〕風呂の構造及変遷。⑴温室と湯屋、⑵鉄湯船（長州風呂）、⑶東大寺大湯屋、⑷阿弥陀寺湯屋、⑸飛雲閣の黄鶴台、⑹町風呂の流行、⑺構造上の変遷、⑻戸棚風呂より柘榴口へ、⑼据風呂の起原、⑽単浴槽の蒸風呂（近江佐渡式）。

〔第三〕風呂生活の種々相。「その一」風呂入浴の目的、「その二」治療と保健。⑴人工の造営になれるもの、蘭斎蒸湯、⑵天然の利用によれるもの、鉄輪蒸湯その他。「その三」趣味と娯楽、⑴私邸に於けるもの、室町時代の風呂始、祇園南海の乾風呂。⑵寺院に於けるもの、一遍聖絵の風呂、経覚和要抄の淋汗、⑶市井に於けるもの、町風呂、湯女風呂（江戸・丹前風呂の勝山、京阪・額風呂の小さん、地方・兵庫の風呂屋者）。

となっていて、多くの古文献によって考証し、実地調査で紹介報告を行っている貴重な稿である。内容は、蒸気浴の「風呂」を主とし石風呂、釜風呂の諸構造を詳しく説き、その他の江戸の銭湯風呂に及んでいる民俗学的な手法の記述であるとともに、考証に力を注いで書かれている点で、実態を確実に把握する上で重要な記述と思われるので、ここにそれらの内容を紹介かたがた、われわれのよき参考としたい。

♨風呂の語義

文書に風呂と風爐との二様の文字が使用されていて、呂と爐は通音略字とさえいわれているようで、『倭訓栞』には「浴室をふろと称すること風爐より出でたる語なるべし」とあるように、下で火を焚き、上の釜で湯を沸かす点では同じであるが、思うにフロという語が別に存して、これに風爐との字をあて、さらに略して風呂とも書き、浴に関係する風呂と風爐とは『下学集』にいうように、本来別なものではなかったのではあるまいか。

また、風呂なるものは浴場のように湯を用いるものでなくて蒸すもの、すなわち一種の蒸気浴であったことが確かめられる――とて、柳田国男氏のいう「フロは多分室（ムロ）と同じ語で、あなぐら又は岩屋のことであったろう」で、もしフロはムロと同意語またはその通音語であるとするならば、竈風呂や石風呂は竈もしくは石穴倉である。ムロそのものにはもとより蒸気浴の意義はないが、八瀬や瀬戸内海の沿岸のある地方においては、土窖もしくは石窟で蒸気浴を行うのであって、竈風呂もしくは石風呂といえば蒸気浴を意味することになったのではあるまいか。――とあり、厳密な論法で述べている。

八瀬の竈風呂

八瀬は比叡山の西麓、京都を去る三里あまり、高野川に沿った渓谷の小村落だが、寂光院、三千院、大原女などで名高い大原に隣りし、また禁裡駕輿与丁などで知られている。

この里の竈風呂はいつ頃からあったものか、天武天皇近江勢との戦に背に矢創を負いたまいし折、ここに来て治療されたといい伝えがある。『人見雑記』に、

八瀬の釜湯、病める人この湯に入ること藤原為景（冷泉）の八瀬の辞という文に見ゆ、明暦承応の頃にやと思わる。百年ばかりの昔なれども今は知る人もなし。云々。

正徳五年（一七一五）の京都お役所向大概覚書所収には、八瀬村竈風呂数、十六軒とある。八瀬村某氏の語ったところでは、明治四、五年以後ほとんど中絶の姿となり、明治二十八年頃再興して明治四十二、三年頃まで続いたが、今日ではまったく廃止されたとのことである。

この風呂については医学博士藤浪剛一氏が『日本医事週報』（第一五〇二号）に報告された記事を引用し、大略次のように述べているのである。

今残れる竈風呂を見るに、南向の母屋の東南隅に連なれる小屋なり。間口四間、奥行一間半の陋き瓦葺小屋に過ぎず。小屋の東西に入口あり、その広さ二尺五寸、板戸を開きて内に入れば土間あり、割石を敷きたるタタキなり。土間の左側に便所と五衛門風呂を並べしところ田舎の一般と変らず。この風呂に隣りて狭き板間あり、母屋への廊下に通ず、五衛門風呂の燃口は土間にあるも、風呂には母屋より廊下伝いにて沐す。

八瀬竈風呂（「都名所図会」）

同 かま風呂（西川祐信画）

土間の右側に蒸風呂あり、土間より天井まで高く塗りたる荒壁の下方にあな口ありて燃口と出入口とを兼ぬ。口の外側に閾ありて杉戸を引く、窖口は二尺平方なり。上側は入山形となる。匍匐して出入す。この穴口は壁龕の如く前方に一尺程出づ。穴内を窺うに真の闇なり、燭を点じて裡に入れば饅頭形の窖にして、すす付きて黒し。壁の下方は二三段（二尺程）に手頃の石をたたみ、その他は全く赤土を塗り、高さ六尺五寸、広さ畳三帖を敷き得る程にして、土牀には石を平くならべて土間と水平になす。窖内には一つの気孔なし、丸味を帯ぶ窖の厚さ二尺程と聞く。窖の外形は蒙古地方に見る土庫の如し、（中略）

この竈を燃かんと欲せば、青松葉青木の如き常磐木の葉にて、決して枯葉を燃かず、その他黄楊、菜叟、柊等を用ゆ、燃え尽さる後、長柄の灰掻きにてその灰を燃口よりとり除き、塩俵（三枚位）を敷きて牀とす。塩俵なき折は荒莚を用い、塩水を打つ、（一手桶に塩五合を和し、二桶ばかり）湿りたる俵より蒸気立ち上り窖内に残れる煙を燃口より駆除す。而して後竈内に入る。

竈内焼塩の香ありてむせばず、浴者は裸体となり木枕に横わりて伏臥す。燃え了りし頃は、五分間程裡にあるも発汗し、胸苦しき迄になるに、一二時間を経たる後なれば温熱の加減最もよく、二、三十分間も横れば自ら一睡す。竈内には二、三人を容るるも、暗きため互の顔を見ず、言を交はして知己を結ぶという。竈に入る際青木の枝を携え、もし竈内の温熱下りしと覚れば、窖の天井を枝葉にて払う程に再び温熱が出て程よき快感を覚ゆという。（中略）竈より出れば五衛門風呂に浴して家に帰る。云々。

この八瀬の竈風呂と同じ系統に属すと見るべきものに石風呂というものがある。石で造った浴槽、すなわち石船を時として石風呂と呼ぶこともあるが、これとはまったく異るもの、ところによっては穴風呂とも空（から）

風呂（ぶろ）とも唱えられ、主として瀬戸内海沿岸の各地に分布しているものである。――と述べられている。

♨瀬戸内の石風呂

各地に存在する巌窟風呂の状況を報告し、また藤浪剛一博士の広島、今治附近の石風呂調査を掲げている。

今治の桜井にある石風呂は、巌窟を掘った大きな洞窟である。この男子用洞窟は奥行二十六尺四寸、高さ一丈五寸、間口は入口に近い所で六尺三寸、中央で十一尺二寸、奥は八尺七寸。女子用は小さくて奥行二十三尺六寸、高さ七尺七寸、間口は前口が七尺六寸、中央で六尺三寸、奥は六戸一寸（徳川時代にはこの洞窟は一つで男女混用だったが、明治になって男女別の二つになった）。入口に破風型の小屋あり、小屋から窟の入口に蓙を吊して小扉としている。

窟内には附近の山林から刈りとったシダの枯木を入れて焚く、シダの燃えてしまった頃、世話男が海水に十分潤した莚数枚を抱えて入り、手早くこれを敷き列べて出てきてから半時間後から入浴を許すのだった。入浴者は裸体でかたわらの海水桶の水を浴び、手拭を絞って頭に載せ、草鞋をはいて入る。最初の入浴時は、熱いため間もなく窟から出て樹蔭に憩い、あるいは海水に浴したりして、また温窟に入るのである。

この「石風呂」のほかに、海水を沸した「潮湯」もあり、いずれも入浴料は一日十三銭だったという。

石風呂はまた「穴風呂」「空風呂」ともいわれ、天然の岩窟を利用し、あるいは石をたたんで作り、その中で火を焚き、石を熱したところに水を打つとか、湿った莚を敷いて蒸気を作った中に浴するのである。その方法は八瀬の竈風呂と同様であるが、「竈風呂」は土を塗って作るのに対して、前記のようなのを「石風呂」と称する。高松市西浜のもののように土で塗籠めたものもあるが、八瀬以外のものは竈風呂とは呼ばないのが例である。

三宅意『本朝温泉雑稿』（昭和四年）に見える陸奥外ケ浜の「釜風呂」は、山土で大きな曲窟を作り、外面に柴を燃やしてその蒸気に触れて治病の用に供されていた。このような「釜風呂」の名を呼んでいる例外もあったといっている。『慶長日件録』その他の文書にも「石風呂」の名が見え、この頃諸所にあったらしい。

しかし、このような入浴形式がいつ頃から始まったかは詳でないし、古い文書の記載には名称はあっても内容がはっきりせず、いずれも同様なものだったかどうかが確認できない。また誰が考えだしたものかも明らでなく、この種の風呂が行われた地方的分布などから、あるいはそれが中国とか朝鮮の「汗蒸」（ハンジン）から伝えられたものではあるまいかとて、中桐氏はさらに朝鮮の汗蒸、米印人の汗浴、露西亜式蒸風呂などに言及されている。

熱気から蒸気浴

単に高温の室内で発汗して入浴的な効果を得た「熱気浴」から、単なる高温でなく蒸気中に入浴するという「蒸気浴」への転移を辿って発達したことについて、中桐氏も、

熱気浴は自然強烈になりがちであって、印度の温室の場合の如き「爐火顔をやくが故に、香料を和せる泥土を顔に塗り、体をやくが故に水瓶を備えて絶えず水を体にそそぎかける」のを要するのである。

といっている。だから入浴しない習慣に養われてきたアイヌ人や、支那人にしても一たび入浴の快味を体験

すると、再び以前の習慣に戻ることを好まぬを常とするように、熱気浴に慣れ親しんだ者でも一転して蒸気浴を愛好するようになったのであろう。

中桐氏は巻頭に、風呂は蒸気浴を意味すること疑いないとしたのであるが、なぜ蒸気浴を風呂と名づけたかを考えるために、八瀬の竈風呂以下石風呂のことから、海外の浴室のことを述べ、結局それらから伝えられた浴法だったものだろうけれども、わが国では本来熱気浴だった浴法を緩和して蒸気浴となった。しかも石を焼き水を注いで作る蒸気浴に満足せず、水を沸して湯気を作る入浴法を工夫したもののようだという。そしてこの日本式の蒸風呂は、寺院内の浴室などがそれで、『今物語』の「板風呂」もたぶんこれであったろうと記し、沸し湯の湯気を用いた蒸気が「風呂」の名によって呼ばれたものと考えるとの意見を述べている。

風呂の構造

この項で、大安寺時代にはまだ蒸風呂は寺院内では用いられていなかったと思われるとて、天平十九年（七四七）の『大安寺伽藍縁起並流記資材帳』『法隆寺伽藍縁起並流記資材帳』その他の文書を掲げて、当時の寺院内の浴室におけるものは、蒸気浴ではなく宮中に行われたような「取り湯」式のものだったようだとしている。

今日特別保護建造物とされている各所寺院内の浴室はたいていは蒸風呂であるが、それらはいつ頃を起原とするものかなど疑問をいだいて、古文書を探っているうちに「鉄湯船」との名を発見した。温室に属するもののうちに、大釜と並んで鉄湯船というのがある。とて『東大寺造立供養記』に見える「鉄湯船」その他

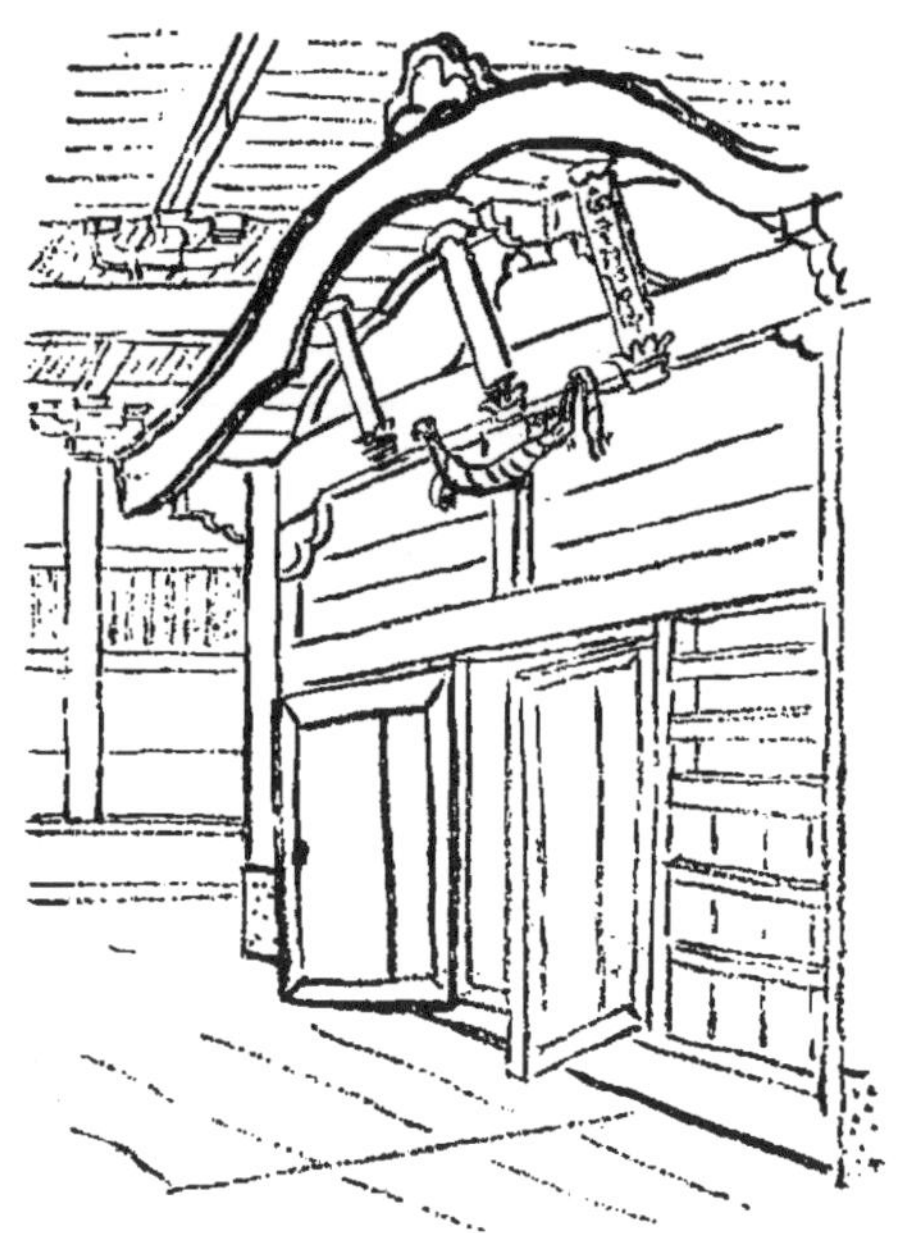

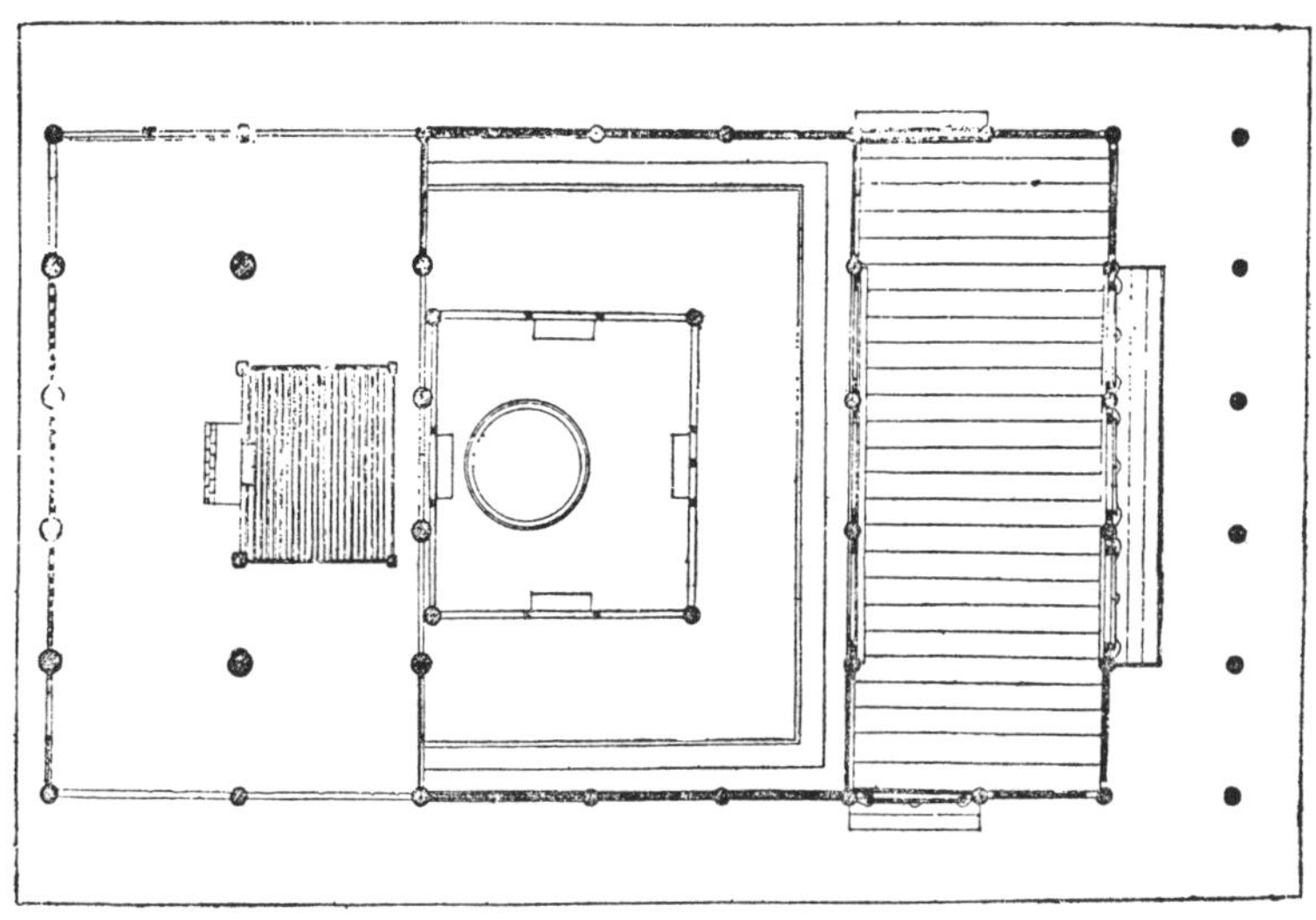

〈上〉東大寺大湯屋浴室入口、〈下〉東大寺大湯屋 平面図（中桐確太郎「風呂」より）

各寺院の「大湯屋」の湯船の文書を掲げて、

> 湯船といへるは『延喜式』などにいわゆる浴槽（ゆぶね）であって、入りて浴するところのものであろう。而してとくに鉄湯船といえば従来木で造られたものに対しての鉄にて鋳られたるものの称であろう。

思うにこれは従来の取り湯に対する設備であって、別の釜で沸した湯を運ぶ代りに、直接湯船で沸そうとしたものだろう（今日の長州風呂に類似したものと思われる）。しかし東大寺の大湯屋における「大釜」の存在は、沸し湯の「鉄湯船」とともに、大釜の湯気による蒸風呂が併設されていたとみなされたという。

次で京都西本願寺内飛雲閣附属の浴室について説明している。

> 飛雲閣はもと聚楽第の中に豊臣秀吉の居邸として造られたものと伝えるが、後に本願寺内に移され修営が施され、明和年間滴翠園の起るに至って趣致大いに加わり、十勝の名で有名なところである。この中の「黄鶴台」の破風作りの蒸気浴室は、間口五尺六寸一分、高さ約七尺五寸、奥行七尺三寸ばかり、その正面の床上一尺五寸ばかりのところに、高さ二尺八寸の引違戸がある。これより入ると直ぐに簀の子板敷で、その下に釜からあがる蒸気を導き入れ、この上に横たわって蒸気浴をするのである。
>
> この蒸気浴室の右に陸湯の釜（経二尺二寸）と水糟とがある。北側には高窓二つあり、東側の北隅には高さ三尺ばかりの出入口があり、ここから直ちに池に浮べたる船に乗入ることが出来るようになっている。

といい、これは釜でわかした蒸気浴の浴室で、「陸湯」と「水船」とがある。

町風呂

入口の引戸式の浴室は、個人邸宅などで少人数の場合には差支ないが、公共の浴場となり衆人が出入するようになると、構造に改造が加えられねばならない。そのいちじるしいものは単純な蒸気浴にいわば湯浴が加えられ、引戸式が「ざくろ口」となったことである。そこで「町風呂」が存在したとの文献として、応永八年（一四〇一）の『康富記』、天文十一年（一五四二）の『親俊日記』、天文十三年（一五四四）『言継卿記』、慶長九年（一六〇四）『鹿苑日録』の柳風呂等を掲げ、これは「町風呂」だったろうといい、江戸に初めて設けられたものは、『そぞろ物語』にある伊勢の与市の銭湯風呂であり、『骨董集』に、

かのそぞろ物語にいえるも銭湯の名はありながら、今の湯風呂にはあらで、から風呂なるべし。彼是を参考にするに此日の風呂は、おほくはから風呂にてありしならん云々。

「から風呂」は蒸風呂である。享保頃の作である『関東血気物語』に、

承応、明暦の頃、江戸に町風呂はやりて貴賤上下風呂に入りて慰みけり。

とあって、町風呂が盛んに行われていたのだった。『徳川禁令考』慶安四年（一六五一）二月の条には、

風呂屋鑑板売買之事。一、風呂屋鑑板うりかいの儀自今以後可為無用候。親類兄弟へ譲り候儀は格別の事、但売買仕候共売主両町之家持共五人組立合致吟味、町年寄三人方へいづれも同道致し穿せんを受け差図次第うりかい可申候。

と布令あり、町風呂がいかに盛んであったかが察せられる。

このような公共浴場には必然的に入口の開放が増え、柘榴口の形式になるまでにも種々形式の変化が見ら

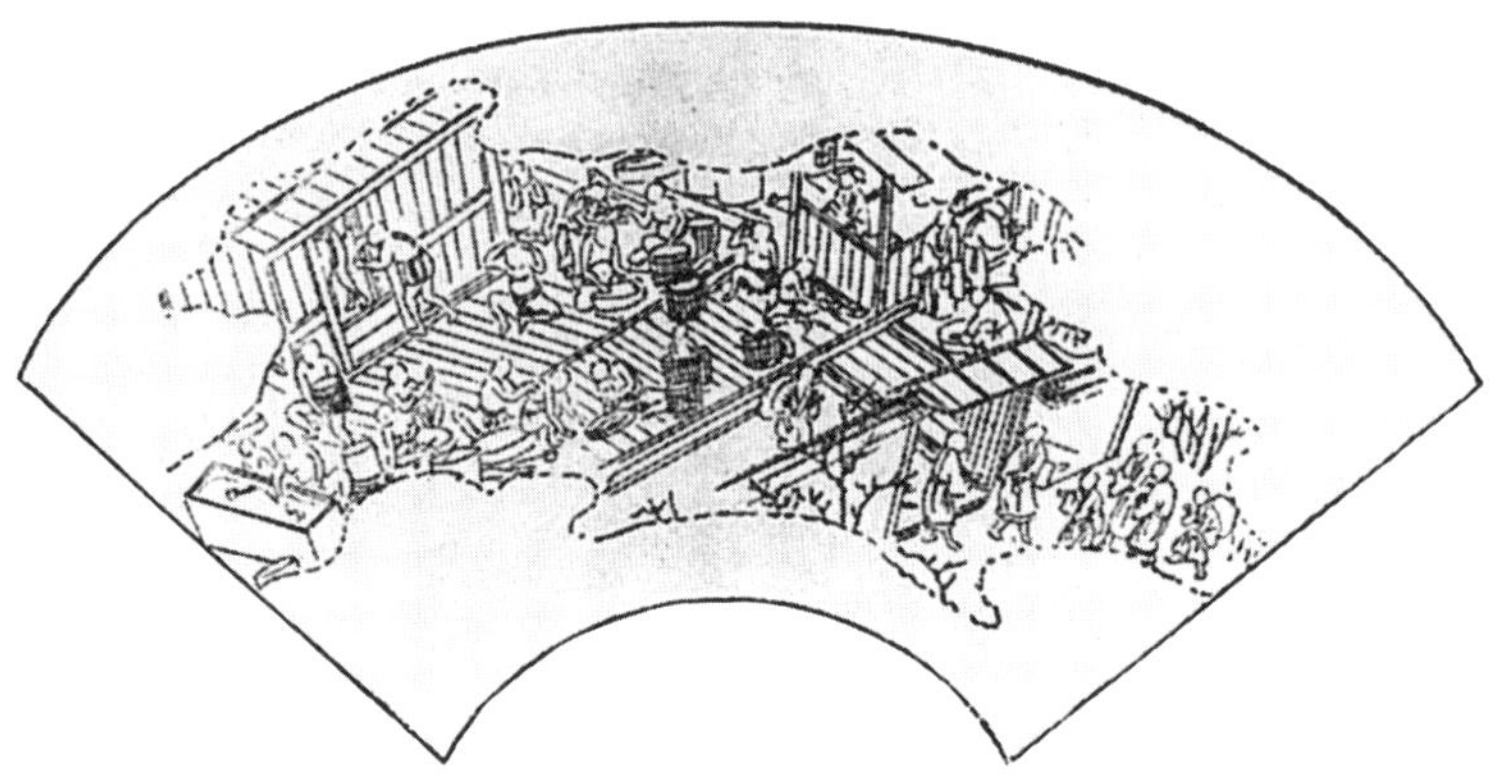

二重作りの町風呂（古画）

邸宅の戸棚風呂（咄本より）

れたわけで、帝室博物館所蔵の『徴古図叢』に収録されている二重戸の浴室についても述べている。またそのこととともに純粋の蒸気浴が漸次半湯浴のものとなったのである。

戸棚風呂

この蒸気浴室になお湯浴槽を併せ設けた時期に行われたのが「戸棚風呂」だが、浴槽といってもその湯はきわめて少なく、わずかに足を浸す程度で、湯気によって蒸されるのである。だから密閉した浴室で、入口は引戸になっていて戸棚のような作りだったのである。しかしこれでも多くの入浴者が出入する場合は、やはり温度の散失があるし、戸の開けたての不便があった。

後には戸棚風呂といっても、浴槽の湯を沢山にしたのがあったという（後年の洗湯とて浴槽に沸し湯を深く満して、全身をひたす湯屋になったのは、これからさらに転じたものだったろう）。

柘榴風呂

ざくろ口については、次のように記している。

柘榴口とは、蒸気浴室の引戸を廃し、室の前面やや離れたところに板を屋根から下げ、その鴨居板の下から屈み入るようにせるものであるが、その構造の変遷はまことに興味深いものである。その初期に属するものと思われるほど、前面の板低く垂れて下部の開き少なく、年代と共に前板せり上り開き口大きくなりゆきつつ、遂には現今の湯屋に於て見る如く、ざくろ口なるものの、まったく消え去るに至ったのである。

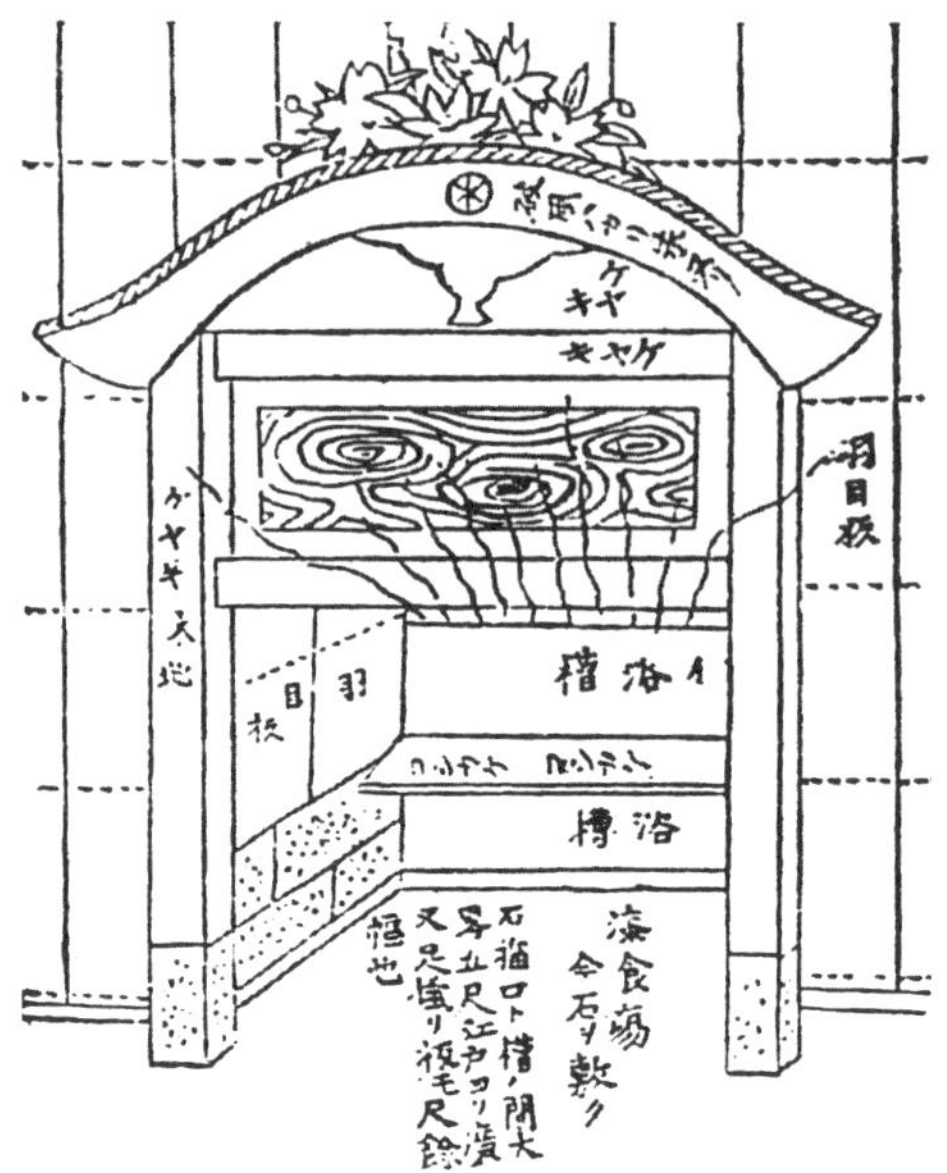

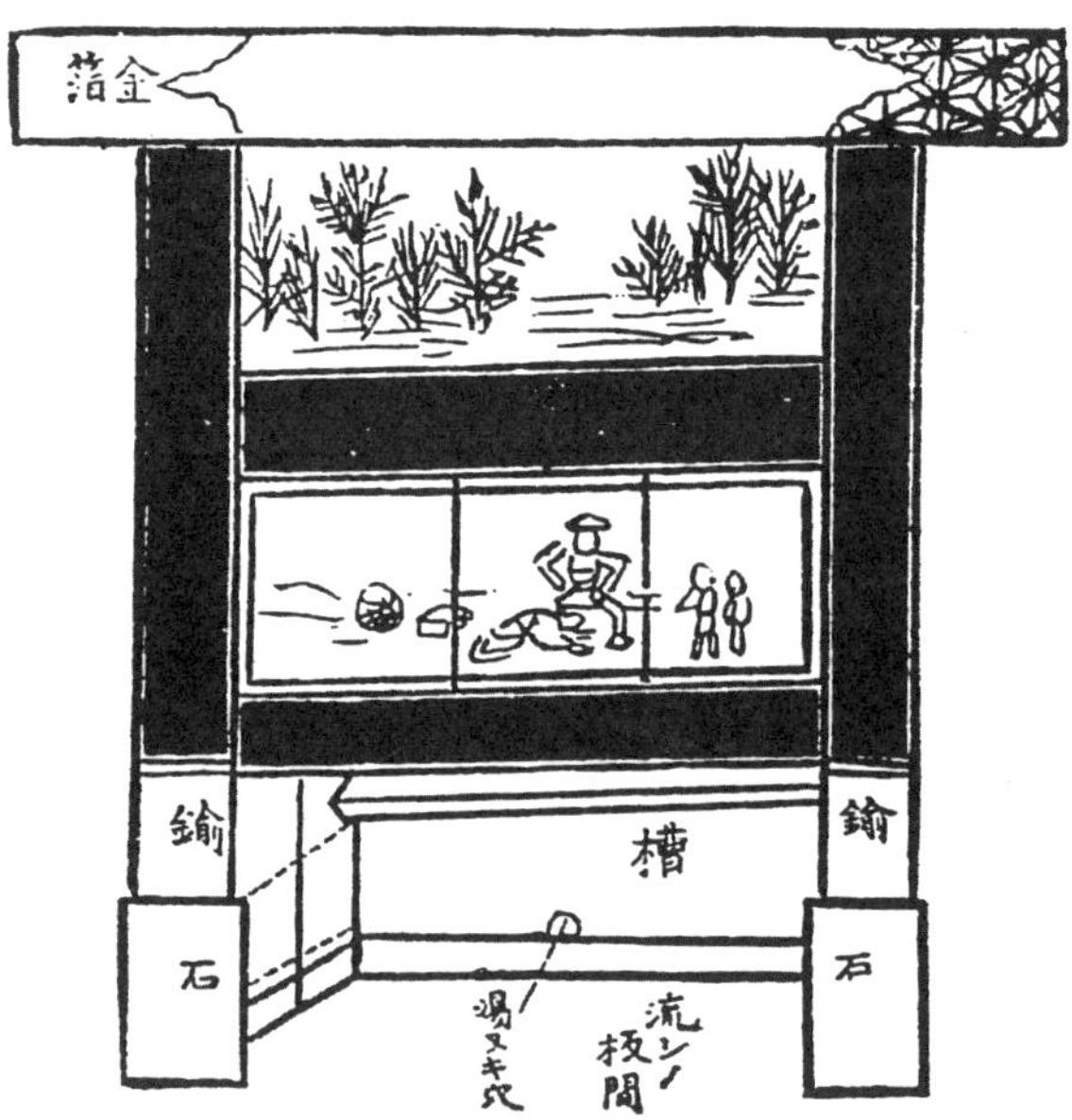

〈上〉ざくろ風呂構造図、〈下〉江戸のざくろ口（中桐確太郎「風呂」より）

このような変遷は、そもそも何が故に起こったのであろうか。私は是は蒸気浴室が湯槽に変じ、蒸気浴に対する趣味が漸く減退して湯浴趣味の発達し行けるが故であるといいたいのである。少くも蒸気浴に湯浴が併用せられるに至ったことは、後に風呂と湯屋との称呼を混同せしむるに至り、また風呂の名をして湯屋の名を圧倒せしむるに至った原因でもあると思う。しかしながら、もと蒸気浴を意味せし風呂が、その実湯浴を意味するようになるに至っては、これは風呂の内容実義を失うに至ったものである。

といい、さらにかかる変遷を来させた原因の一つである湯浴の導入事情について語っている。

据風呂

蒸気浴室に湯を入れるようになったのは、据風呂からの思いつきであるまいかと考えられる。「据風呂」は「水風呂」などとも書き、これによって説を立てるものがある。『近世事物考』（弘化五年）に、

風呂といへば海水なり。たまたま井水を用いるを水風呂といへり。行水も是に同じ。今は据風呂など と書けり。

とあり、『歴世女装考』（弘化四年）にも、『梅窓筆記』（文化三年）にも同様の説が掲げられているが、私はむしろ新井白石の『遺老物語』（享保十八年）に掲げられている小漱甫庵の「永禄已来出来初し事」に、

一、すへ風呂　是は高麗陣有てより也。

とあるに拠りたいと思う。とて据風呂は、戦陣での考案から起ったものと想像できるといい、

一人はいれる位な桶に幾分の水を入れ、下から熱することによって湯気を作り、その中に入りて蒸さ

れることである。桶を据え、蒸気を作りて之に浴す。即ち据風呂である。
今日の据風呂といえば、湯をなみ〳〵と湛えているのであるが、これは半湯浴の蒸風呂が遂に全湯浴となるに至ったと同じ要求で、いわゆる据風呂もその始めは単浴槽によれる半湯半汽の蒸風呂であったと思われるのである。

と、想像的新説を唱え、『慶長見聞集』に、
江戸町に大谷隼人と云う者――すいふろという物を我たくみ出したりといいて、人に見するに是には徳有とて人毎に皆学ぶ云々。

とあることや、高麗陣の年代などから説き、戦陣にて風呂が行われた文献を掲げ、「五右衛門風呂」に似た様式で、円筒形浴槽の横腹に出入口のついた半湯浴の蒸気浴槽が実在したことを述べている。

飛込風呂

前記の考証によると、戦陣で、臨時簡便に入浴できるよう、移動も可能な小さな浴槽を考案した。それが「据風呂」の起原だったろうというのである。そして普通の水を沸してわずかな湯と蒸気との中で入浴したと仮定して考えると、これは「戸棚風呂」を小さくした一人用または少人数用の単独浴槽というわけだった（後にはさらに温湯だけの中に浸る湯浴槽となったが）。それからこの据風呂は、慶長末年に大谷隼人という者によって江戸に現出したと伝えられているが、前記『慶長見聞集』の文の続きに、江戸で好評だったので上方へも持ち込んで見ようと話すと、聞き手の者は上方には以前からあるといい、もし持って行ってもそうとわかれば、再び持ち帰ることになろう、といっているのである。

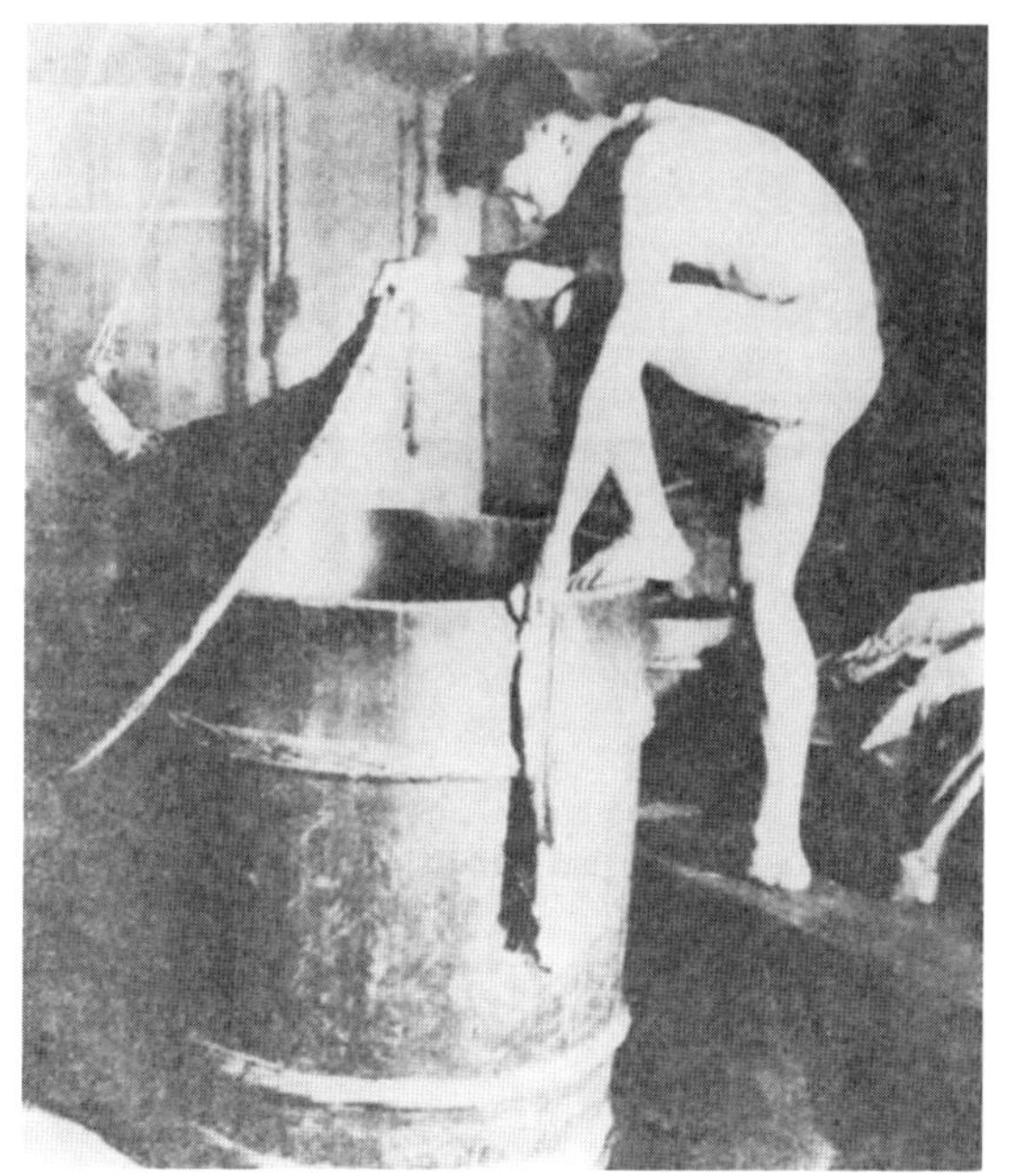

佐渡のオロゲ

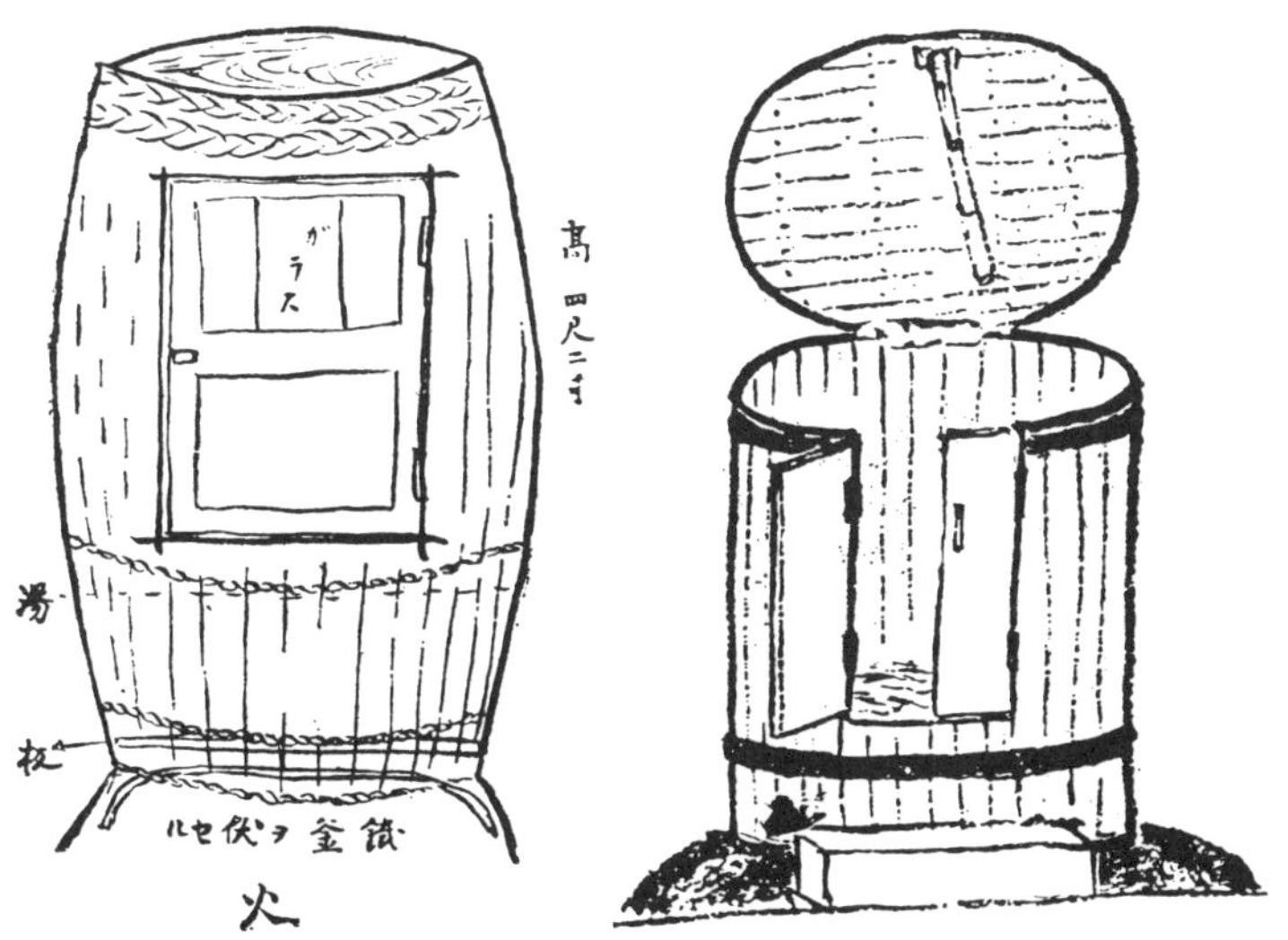

桶の蒸風呂（二種）

それらのことから、蒸風呂の公共浴室が「板風呂」や「棚風呂」に変遷する過程において、突如温湯浴槽の「据風呂」が出現したわけではなく、据風呂は簡便な単浴槽ではあったが、その浴式には、やはり蒸気浴の考え方から、半湯浴の方法を加えたものだったとして、据風呂式浴槽にそうした浴法浴式の行われた事例の有無を述べている。

江州長浜町の個人宅での風呂には（前記のような）竈の上に大きな鉄鍋を逆さに伏せ、その上に浴槽を取付けたのは通常の五右衛門風呂の通りであるが、ただその浴槽の胴の一部を観音扉の出入口として開け、上には円い板を蝶番いで止めた蓋をしてある。そして蓋の一端にはまた竹杖が結びつけられている。

浴槽内の湯は観音扉のところ以上にはならないから、入浴者は中に座れば腰を漸く隠す程度である。この湯が適当にあたたかくなったとき、観音扉から中に入り竹杖を引いて蓋をする。つまり半湯浴の蒸気風呂で、蒸されて熱くなったら自分で竹杖で上のふたを開くことができるし、出ようと思えば観音扉を開けて外へ出ることも自由だった。

その他、入浴しながら据風呂桶の上に自由に上げ下げできる饅頭笠のようなのが設けられている浴槽もある。これが「飛込風呂」だが、近江八幡の「飛込風呂」と同形式のもので佐渡の「オロゲ」と称する風呂もある。直径三尺内外、高さ三尺五寸内外の桶が農家の土間の「隅に据えられている。この中に他で沸した湯を七、八寸の深さに汲み入れ、湯枕と称する一尺位の台を持って入り、それに腰をかける。そして土間の梁から荒縄で吊した藁製の大笠を引下ろして、風呂桶の上から冠るのである。

このように少ない湯と蒸気（湯気）とで、蒸風呂が主であるような形式は据風呂にも行われているので、据風呂はすなわち「水風呂」とばかりはいえないことになる。また据風呂の多くは個人の家庭用の風呂で、円筒形の桶の浴槽が普通になっていたが、大名屋敷の据風呂その他で方形のものもあった。

風呂生活の諸相

入浴の目的の項では、

わが国に於ける風呂系統の発達は、もと土耳古式ともいうべき熱気浴を主とせる朝鮮の汗蒸が移入せられて、瀬戸内海沿岸の石風呂となり、八瀬の竈風呂となり、ここにて石をやき水をそそぎて蒸気を作るいわゆる露西亜式の蒸気浴となり、更に進展して直接に水を沸して、その湯気を導き入るる日本式の蒸気浴、即ち風呂なるものとなるに至った、となすべきであると思うが云々。

といい、温泉地より噴出する天然の蒸気を利用するに至ったのは、人工の蒸気浴が相当に発達せる後のことであると私は思うのである、といっている。そしてこれらの例示として海外における浴法の文献などを引いて説明している。

次いで入浴の目的だが、それには(1)宗教的、(2)治療的、(3)娯楽的、の三つをあげている。このうちでも病気治療と保健衛生が根本で、健康で元気となれば、みずから感謝の念も生じて宗教的儀式を行うにふさわしきものになる。よって宗教的と娯楽的なことは、その派生であると説いている。

わが国の蒸気浴で、病気治療のために用いられたもっとも古い例では、鎌倉時代に忍性上人が経営されたという奈良北山の十八間戸や、鎌倉極楽寺の蒸風呂であろう。このことは、『日本温浴史話』の「仏教の温室思想」の中に掲げておいたともいう。次で蒸風呂での病気治療を行った特殊な例として、美濃大垣にあった「蘭斎蒸湯」のことを詳記し、さらに天然の温泉より噴出する蒸気を利用したもののうちで、もっとも古いのは豊後の鉄輪（かんなわ）の蒸湯であるとて、その構造を説明している。その他趣を異にしたものでは「伊香保の蒸湯」があり、砂土の地に丈余の杭を打込んで孔を穿ち、蒸気を喰出させた上に小屋を設け、密閉した中で蒸されるのである。あるいは、陸中須川の「蒸し湯」では、二十余の噴気孔を囲んで造られた板囲いだが、その噴気孔に捻り藁を詰め、莚を敷いてその上に座し、局部的な温浴療法を行うのもあるといっている。

次に「私邸に於けるもの」として、鎌倉時代にはすでに風呂が宮中にも及んで行われていたこと、室町時代には武家の邸宅内に蒸風呂が設けられていたことなど、「風呂御成」などの文字が諸所に見られるとて、それらの古文書の例を掲げられている。そしてまた「風呂始」のことなどはもはや単なる儀式ばかりでなく、一種の娯楽となっていたという。

一般衆庶のための「町風呂」の出現も鎌倉時代からで、室町時代にはかなりさかんになっていたようで、これらの盛行を来したことには寺院内に設けられた風呂の影響が大きいとしている。

そして次には「寺院に於けるもの」として、仏教寺院内において風呂が特異な発達をしたが、浴室開設の当初の目的は「施浴」であり、衆僧施浴の思想が光明皇后によって衆生施浴となり、さらに転じて趣味興楽のために用いられるようになった、といっている。

寺院内の風呂生活に関する史料では、文明元年（一四六九）の「林間」（淋汗で風呂の意味）記録を掲げている。風呂（蒸風呂）を営み、茶菓、果物、酒食を供し、これらの催しがしばしば行われたのだった。そしてここには、趣味娯楽の入浴風俗がうかがわれる。

宗教的な衆僧供養の風呂の営みが、やがては衆生施浴の思想となり、一般に入浴思想の普及を促すこととなったのは事実である。そこで「市井に於けるもの」の条では、「町風呂」のことについて記している。

蒸気浴としての町風呂は果たしていつ頃から行われたものであろうか。もし『今物語』の「板風呂」が蒸気浴であるとすれば、それは鎌倉時代にすでに行われていたというべきである。とて高倉風呂、一条風呂、柳風呂等はみな町風呂であったであろう。『鹿苑日録』には、

慶長九年（一六〇四）六月晦日午時、赴㆓柳風呂㆒、各同途、於㆓浴室㆒粽にて有㆑酒。同十年（一六〇五）十月十七日、於㆓豊光㆒有㆑斎、今度之骨折衆振舞也、斉了赴㆓柳風呂㆒、各会之衆不㆑残、浴後於㆓風呂㆒有㆑酒、酒了テ帰院。

延宝六年（一六七八）序のある畠山箕山著『色道大鏡』には、

風呂の事。客の風呂をもとむるときは、先挙亭にいいつく、挙亭うけたまわりて風呂屋に云いつかわし、次に其女郎の遣手にいいわたす。遣手本宅に帰りて女郎の所持の風呂道具を風呂屋へもたせつかわす。風呂屋には風呂を焼たつる内に、板の間を清め、あがり場を掃除す。あがり場の次に台子を置き、釜をしかくる。客の来らぬうちに遣手奉行して、あがり場の奥に紅緑の氈を展布事、或は五枚或は三枚、客の多少によるべし、次の間には絵莚をしき、衣桁にゆかた下帯をかけて相まつ。風呂より左右をうけて客風呂に赴く。このとき菓子を出す。のしをも出す。女郎は客と同道をもす、また暫らくあとより来ることもあり、客風呂に入りたるあとにて道具をかざる。傾城の客と共に風呂に入るはよろしからず、若品によりて行水ばかりはすべし。多くはこれも無用のいたりなり。これ故にはやく来れば、あが

り場にほされてありし。客あがらぬうち、板の間にて酒をこうこと自然にあらば、禿酌に立べし。あがり場に立鏡台、髪道具、薫籠、香盆等をかざる。数は客の多少による。

客あがらぬうちに、香爐共に火をとりて待つべし。客あがると上り場のはたらき、まず付物太鼓女郎勤む、次に先遣手これを勤む。漸しづまる程に至り亭主方より盃を出す。次に饗応の女には吸物を出すあり、さあらば女より亭主を呼出して盃をさすべし。折紙は当座にも遣す。また挙亭へかえりてよりも遣す。云々。

と、これは遊里における入浴のさまをいったもので、ここには「傾城の客と共に風呂に入るはよろしからず云々」とあるが、男客入浴の際は共に入ってなにくれと世話をし、あるいは垢をかき、髪をすき、酒宴の興を助けるために女性を要求するのは自然の勢である。かくして傾城以外の女性が現われきたったのが「湯女」だった。

湯女風呂

湯女の起原については、仁西上人が有馬温泉を再興されたときに始まるとされた。上人は大和国吉野郡河上、高原寺の住職だったが、熊野権現の御夢告によって有馬に来り、温泉を再修し、吉野河上の民を率い来りて湯を守らせ、薬師如来の十二神将を像り、十二の坊舎を設け、坊毎に老若の二婢を置いて諸国より来集する浴客の世話をさせたのだという。二婢のうち老いたるを「大湯女」と称し、各坊に通じ総てこれを「カカ」と呼び、若き方は（十三〜四歳より十七〜八歳位までで）これを「小湯女」といい、各々いわゆる通り名を定めて代々これを襲ぐこととしてあるそうであるが、湯女は昔は白衣紅袴の装束を着け、歯を染め黛を

風呂屋（大坂版『好色一代男』挿画）

風呂屋（『好色一代女』挿画）

描きて、あたかも上﨟の如き姿をなし、もっぱら高位公卿の澡浴せらる前後、休憩の折に当り、座に侍りてあるいは碁を囲み、あるいは琴を弾き、または和歌を詠じ、今様をうたいなどして、徒然を慰さむるを以て業となしたるほどのものであったという。

有馬温泉がかかる湯女の起源地であったことは、さもあるべきことであるが、湯女も時勢の変遷について種々に推移していったし、あるいは各地に拡がっていったことも察するに難くない。

『落穂集』の記について、

風呂屋の義は、ふろよくたき立て、晩は七つを打ち候へば仕舞い申し、昼のうち風呂入り共の垢をかき申す湯女共を、七つ切に仕舞い、それよりは身仕度を調へ、暮どきに至りければ、風呂の上り場に囲いたる格子の間を座舗かまえに致し、金屏風などを引廻し、火をともし、件の湯女共衣服を改め、三味線ならし、小うた唄い、客集め仕る如く有之也。

右風呂屋麹町にも二、三軒有之也。然るに石野八兵衛殿組下の御徒衆に栗田又兵衛とやらん申す侍、件の風呂屋前に於て喧嘩仕片し手疵などを負うを以て御詮議となり、場所柄よろしからざるにつき、御仕置被仰付たる義なども有之となり、その以後間もなく御停止になり、江戸中の風呂屋悉く潰れ、増上寺門前に只今一軒有之共湯女は御禁制在之となり。

とある。この御禁制とは明暦三年（一六五七）六月のことで、次の如く町触があった。

風呂屋遊女引払の事

一、跡々より度々町中風呂屋共に申渡候通り、吉原町御立被成候に付、いよいよ当月十六日切りに遊女之分町中御払被成候間、自今以後風呂屋に遊女隠候はば、五人組は不及中致詮議若只今迄隠置候遊女有之候はば、早々払可申候少も相背申間敷事。

と記している。この頃江戸各所に風呂屋二百余戸もあったということだが、もっとも有名なのは「丹前風呂」だったとて、享保頃の作という『関東血気物語』の記を掲げ、

承応、明暦の頃、江戸に町風呂はやりて貴賤上下風呂に入りて慰みけり。中にも秋田堀丹後守殿の屋敷前の風呂屋、殊のほかはやりけり。湯女の中に勝山とて双びなき美女ありき。武家の歴々もここに遊ばれけり。出立ち白むくの下着、上には紺ちりめん、裏は極めてもみにて、大方はがんぢき山道などの裾べり、羽織は着ず、長柄の大小はなかいらきの鮫ざや、編笠に紫竹の杖をつきなどしけり。この風呂屋を丹前といいし故に、風俗のだてなるをば、皆たんぜん〳〵とぞ申ける。その後堺町の狂言に多門庄左衛門歌の声よく、丹前の風をせし也。これ丹前の始め也云々。

とあり、江戸における風呂屋にては、湯女を二〜三十人もかかえ置けるものがあったが、寛永十四年（一六三七）の禁令で三人以下に限られた。

上方の湯女風呂

延宝七年（一六七九）版の『難波雀』や貞享二年（一六八五）の『京羽二重』には風呂屋を多数連らねているばかりか、「京都御役所向大概覚書」には、

一、風呂屋あかかき女之事、前々相定之通三人に過べからざる事。

一、二階座敷を構候儀遊所に紛敷相聞へ候、二階座敷可為無用候、但勝手物置之儀者不苦候事。

附、向後作事いたし直し候節者絵図可指出事。

一、火之元之儀、度々被仰出候間、風呂相仕廻候儀暮六つ切に可仕候事。
右之通堅可相守、若密々私之儀、私之仕形有之候ものは急度曲事可申付者也。

とあり、これは元禄十七年（宝永元、一七〇四）六月の定だから、江戸よりはだいぶ後の禁止である。湯女風呂のうちでも有名だった額風呂の小さんについて『南水漫遊』は、

元禄の頃浮名立てし額の小さん金屋金五郎の実説を探り見るに、島の内に額風呂という娼家なし。難波雀とて延宝年中出版の小冊に、その頃市中に垢すり女有し風呂屋十四、湯屋二十二軒と記す。その中に蠟燭風呂道頓堀六間町太左衛門、柳ぶろ六間町善兵衛とありて、額風呂は籠屋町治郎右衛門也。延宝六年午冬出版の小冊『道しるべ』には、風呂屋十四株内天満八丁目大黒風呂（ゆな三人）、同五丁目扇ぶろ（ゆな二人）、内平野町薬師ぶろ（ゆな三人）、内あんどうじ町はせぶろ（ゆな二人）、太左衛門橋柳ぶろ（ゆな三人）、その余は湯女無之。――かく記せども、元禄の頃には額風呂にも湯女ありて小三と呼ぶ。その証とするものは元禄年間の冊子風流文庫というものに、額ぶろの湯女小さんが垢する処かきたる図ありて、小さんはその頃名高き湯女と見えたり。……額の小さんは籠屋町にて時めきし湯女なりしが、後に島の内線屋といえる娼家の妓婦となれり云々。

このように中桐氏の「風呂」では、入浴形態及び浴槽浴式の変遷について、珍らしい諸文献を掲げて研究されているのである。自然水浴以後の人為的入浴設備はかなり古くから行われていたことがうかがわれる。そしてこれらの入浴方法が外国のそれと考え合せて、わが国にはいつ頃どこから伝えられたかということは詳らかでない。あるいは人々の生活本能的にわが国にも、独自に考案されたものか、とにかく「風呂」との

呼称には蒸気浴を意味した特殊な趣好があったことを思わせるのである。

入浴に対する目的、その普及流行の点から考えれば、やはりわが国の場合でも⑴宗教的、⑵傷病治療その他保健衛生的、⑶娯楽、享楽的な要素が数えられる。入浴によって得られた清潔感とか、肉体器管機能の活動の活発化、健康保持が、神への感謝となり、信仰ともなって現われるのであり、また入浴の快感は、さらに酒食遊興の享楽にもつながったのだった。

かくて入浴風俗の進展とともに、庶民大衆への流行に伴って、これを営業化した銭湯が起こり、ここではいっそうさまざまな浴式や浴槽構造の変化をきたしたのだった。しかし、その各種称呼や風俗については、古書文献にも年代的の誤りとか、風俗的に正確な説明でないものがあるので、この中桐氏稿の「風呂」研究にはおおいに教えられるところがある。

ことに「据風呂」のことなどでは、われわれはそれが人工的な浴槽で湯を満した中に全身を浸す湯浴形式のものだとばかり考えがちだったが、古文献では「水風呂」ともいい、以前の入浴は海水の風呂だったのに対して、これは井水を沸したものをいうとか、蒸風呂に対する洗い湯の意だとか称して、とかく紛らわしい説明になったりしている。だが据風呂にも桶にふたをして少い湯で蒸気浴を主としているものなどあるのは、一概に水風呂とばかりはいえない。また「風呂」というのも単に温泉に入浴するようなものではなく、温室の意味から起こった名であろうこともうかがえるのである。

風呂の様式

♨蒸風呂

わが国最古の随筆者といわれている清少納言の『枕草子』(一〇〇二年成立)にも「きびよきもの、たち風呂へ入りたるもきびはよし」とあり、「立ち風呂」「風呂」などの呼称はすでに古くから行われていた。その立ち風呂とは、あるいは風呂をたてるとの言葉もあって、人工的入浴設備の意だが、「薬湯」に身を浸したものだったともいわれるし、または行水式の洗浴のことだともいい、具体的には詳らかでないけれども、立ち風呂はどうやら沸し湯を使っての行水洗浴のこととも思われる。

「風呂」とは元来は「蒸風呂」を指した名で、水浴や温泉浴の自然浴に対して、人口的な蒸風呂が庶民風俗のうちには最初に起こった浴場形態だったのである。

風呂の語原は室(むろ)の転訛語だといい、『古語辞典』などにも「むろ」はむかしの家の奥まった部屋に土で塗り込めた寝室などを称したとあり、麹や納豆を造る密閉した温室をも「むろ」と呼んだのである。

浴場の風呂も、その原型とされているものは「石風呂」など称されて、山腹の調窟内で岩石の上に火を燃やし、岩を熱してそれに水をかけ、洞窟内に湯気を立て込め、その中で蒸されたのだった。

このような式のものは、入浴が一回毎で次に入ろうとするときにはまた新たに、火を燃やしやり直さねばならなかったから、やがて「釜風呂」「塩風呂」など、釜で湯を沸かしている上に簀子を置き、浴室に続けて湯気が充されるように工夫されたのである。こうすればあとから人が替って入浴できた。

温泉の蒸風呂も同じような工夫で作られ、近代における九州霧島温泉の蒸風呂では、元湯近くの温泉が流れる細い川の上に小屋が建っていた。丸木造りの社のような家で、まわり縁に上って扉から入るとさらにもう一つ小さい潜りの入口に、引戸のついた部屋があり、その中が蒸風呂なのである。窓も見当らないような薄暗い密閉の室で、丸太を並べ敷いた床上にはじめじめした莚が敷かれ、そこに身体を横たえられるように木枕も置いてあった。そして床の丸太の間から熱い湯気が部屋に入り、いっそう視界をさえぎるほどで、しばらくいると耐えられない熱さを感じ、汗が流れ出るし、天井から落ちる滴を冷たく気味悪く思わせた。

戦前の昭和初期頃、広島県の「特殊浴場」ともいうべき銭湯には広い浴場の一隅に蒸風呂の設備があった。まるで船の甲板にある船室のような型の六畳敷ほどの広さの一室で、丸いガラス張りの明りとり窓が上部に二つほどあり、あとは密閉されているらしかった。下部の端に三尺四方ぐらいの入口がある。引戸をあけてそこから中へ這い込むのである。

内部はやはり床には海藻を敷き、その上に莚が敷かれている。ここは海岸近くで温泉ではなかったから、蒸気はおそらくボイラーで作り、室外から導き入れていたのであろう。普通よりやや低く目の天井だが、室内に立っていては、熱さに耐えられないほどなので、床上に裸で木枕をしてすぐ横にならねばならなかった。しばらくすると汗がしぼられるように身体から流れ出し、ぐったりと身体が軽くなる。そこでこの室からまた這い出して流し場で普通の湯を浴びるか、冷水を浴びるかするのである。だから蒸風呂に入りつけた人々はこの浴後の何ともいわれない、力の抜けた爽快さからしだいに身も軽々と活動力がわいて出る気持を忘れ難いものとするようになるのだった。

この蒸風呂には一度に二人か三人ぐらいしか入いられないらしいが、中ではすぐ隣りにいる人の姿もはっきりと判らないくらいの湯気と薄暗さとである。ある男は、ここから流し場に出て水を浴びていたら、続いて蒸風呂からちょっと小粋な年増女が出て来て驚いたことがあったという。今の今まで自分が横になっていたついかたわらにそんな女がいたことをまったく知らなかったのである。そして女もこんな風呂に入るのかと思ったと話していた。

汐湯・薬湯

この地方では他の銭湯でも、看板に蒸風呂、汐湯、薬湯、洗湯など書いているのがあり、一軒の流し場にそれぞれの浴室や浴槽が設備されていた。「汐湯」は海水を温めるか、沸し湯へ塩を入れるのか、とにかく塩分が含まれていてこれに浴すると温まるといわれ、「薬湯」は湯の花（硫黄）、中将湯などを入れているクスリ湯なのである、比較的長く浴槽につかっているが、それを汲み出して流し場で、浴びたりはしないのである。「洗湯」は「あらいゆ」と呼ぶただの沸し湯で、これは普通の銭湯同様、浴槽につかり、湯を汲み出して洗い場で石鹸など使って身体を洗うのである。天保時代から伝わるという博多の「釜風呂」のことは別に述べたが、昭和四十一年一月「毎日新聞」が報じているところによると、

大分県緒方町で、江戸末期につくられた岩風呂が人気を呼んでいる。岩山をくりぬいてつくった空洞で、下で火をたき、その上に石菖という草を敷いておくと、芳香とともに洞内があたたまり、身体の疲れがいっぺんにほぐれるという。明治の初めごろから放置されたままになっていたのを近くの人が復元したもので、県の重要民俗資料指定が内定している。

といっているのがある。これも蒸風呂である。

江戸銭湯

天正十九年（一五九一）に出現したという銭瓶橋の「江戸銭湯」は、蒸風呂だったというのが定説のようである。銭湯では多数の浴客を迎えて、出入が頻繁となる。そこで蒸風呂にも工夫がいるわけだが、どんな形式のものだったか詳らかでない。しかし、その後の江戸銭湯もおよそ蒸風呂であったらしい。「湯女風呂」もそうだったし、「ざくろ風呂」もこの種に入るだろう。「板風呂」などでは、浅い浴槽に湯をわずかばかりたたえて補助的な役割としているけれども、やはり密閉した浴室に湯気を立て込めた蒸風呂が主だったのである。「ざくろ風呂」では、やや出入口を開放的なものとして、流し場の奥に鴨居を低く垂れた区画を作り、その中に浴槽を設けたが、浅い浴槽に身をつけるよりも室内で湯気に蒸されるのを主とし、湯気が逃げぬための出入口構造であって、人々はその鴨居下を屈んで出入りしなければならなかった。そしてこの外に流し場があった。後年の「湯屋」銭湯は、だから蒸風呂に替って「据風呂」形式を用いたのも、いわゆる「洗湯」として元禄以後になってから一般に普及したと思われる。

蒸風呂は洗湯に対して「空風呂（からぶろ）」とも呼ばれた。湯気だけで湯がなかったからである。慶安、承応頃までは、みな銭湯に入浴するのに褌をして入ったというが、それは蒸風呂時代のなごりであり、あるいは蒸風呂だったからである。この風習は、元禄以後までも続いていた。

『卜養狂歌集』には「風呂吹くこと上手なれば云々」といっているのがあり、蒸風呂で垢をかくことを「風呂吹き」ともいった。

蒸風呂には「垢かき女」というのがいて、浴客が蒸されて出るとその腕や背の肌にフウ〳〵と息を吹きかけながら、指で垢をかいたのである。だから湯屋の「流し」などが背に湯をかけて手拭でこするのは湯屋洗湯になってからのことである。

次に民俗的な蒸風呂として「伊勢風呂」があった。このことは『嬉遊笑覧』にも見え、

中には湯なく空風呂にて、湯気のみむして熱きこと堪えがたし。慣れざれば入れぬものなり。塩風呂などに入ると同じ、その在所にてたつるやうを聞くに、小屋ありてその内に石を多く置き、これを焼きて水をそそぎ、湯気をたてその上に竹の簀子を設けて、これに入るよし。大方村々にあることなり。

とあって、村々にてこの蒸風呂を作って入ったのである。別に営業とした銭湯ではなかったろう。年代的記録では『甲陽軍鑑』巻三の文があげられる。すなわち天正十四年（一五八六）の条に、

風呂は何れの国にも候へども、伊勢風呂と申す仔細は、伊勢国衆ほど熱風呂を好みてよく吹き申さるるに付きて、上中下ともに熱風呂をすく。在郷まで大方村々に風呂一つづつ候て、すでに夫荒仕子までも風呂吹くすべを存じ候は、熱き風呂をすく故のよう見え申候。云々。

とあるなど、その頃この地方にはすでに蒸風呂が大いに流行普及していたのだった。

江戸銭湯の始まりといわれる天正十九年（一五九一）に出現した伊勢与市という者の風呂屋も、おそらくは伊勢風呂から思いついて、それを銭湯に応用したものであったろう。

板風呂・戸棚風呂

『嬉遊笑覧』に「板ぶろは蒸ぶろにはあるべからず」とあるが、これには少しく説明を要する。

蒸風呂の原型である「岩風呂」や前記の「伊勢風呂」などが、一度冷えると次にまた立てかえるのにはだ

いぶ手数がかかった。そこで次々と入る人が替る場合にも、絶えず湯気が送れるように考えたのが「釜風呂」だった。それが後には銭湯の浴室などでは、さらに温湯をたたえた浴槽と蒸風呂とを併用する形式となったのが「板風呂」「戸棚風呂」なのである。だからこれは純然たる蒸風呂ではない、というわけなのである、

また銭湯にも、これらの形式的変還が行われたことからじつは「風呂屋」と「湯屋」とがどう違うのか混同されやすいわけで、板風呂、戸棚風呂、ざくろ風呂までの、いわゆる蒸風呂と洗湯との中間にはこうした浴室が存在したのである。

『日本随筆索引』によって、この項目所載の文献を見ると、板風呂の項は『骨董集』（文化十一年）と『蘿月庵国書漫抄』とにある。戸棚風呂のことは『守貞謾稿』にも記されているが、

浴槽は甚だ浅く、湯やや一尺ばかり膝をひたすのみなれば、引違戸を用いて湯気をもらさざらしむ。

といってるように、要するに蒸風呂に浅い浴槽を置いたものだった。

『太平記』にも湯屋風呂の女童部などの文字が見え、湯屋風呂は浴室の義であり、前にも述べたが風呂は温室と同義の語である。そこで湯浴みする湯殿、蒸風呂の温室も風呂といってあながち誤りではないわけだった。とにかく江戸初期の湯女風呂なども、みなこの式の板風呂、戸棚風呂だったのであり、板の間の一方に引き戸の一室があって、その内部には浅い浴槽にわずかばかりの湯が入っているが、室全体は蒸風呂でこの中で蒸されたのだった。そしてこの室を出ると板の間で垢かき女の湯女が指先で垢をかいてくれた。

この引き戸を板といい、またそれがあたかも戸棚の構えに似ているところから、板風呂、戸棚風呂との称が起こったのである。

柘榴風呂

戸棚風呂以後それがもう少し開放的な形式になったのが「ざくろ風呂」だった。三方を板で囲い、前方の入口だけを戸棚風呂の引戸に替えて開け放ちとし、その代りに上の鴨居を低くした。人々はそこから這込むようにして出入りしたのである。上部の欄間が額のような形をして下っているのもあった。

そしてその内側に浴槽があったのだから、純然たる蒸風呂ではなく、浅い湯槽には膝ぐらいまで湯があった。あるいはようやく下半身を没することができるくらいはあったにせよ、浴槽というには不十分なものだった。しかし、室内は薄暗くて湯気が立ち込め、蒸風呂と洗湯風呂との中間だったのである。

こうした形態は、元禄頃から江戸の銭湯にはだいぶ長く行われ、古画にもその図は多い。文政五年（一八二二）十一月「風呂の柘榴口、硝子の前戸御停止に相成る」と『洗湯手引草』に見え、この風呂屋がこのとき禁止となったが、さらに明治十二年（一八七九）になって同様な禁止令があり、ようやくなくなったといわれる。

「ざくろ口」の名については、

そもそも銭湯の風呂口を柘榴口というは、むかし鬼子母神千人の子をはちのこの中へ隠し給いしことあり、千人万人の人をかくし入るるところなれば、鬼子母神の縁によりて柘榴口となづけたる由。

また諸人湯屋へはいる姿は、蛇にのまるるようなりとて、蛇喰口（じゃくろうぐち）とも名づけたる由云々。（銭湯新語）

といっているのもあるが、『醒睡笑』巻一に記するところによれば

当世浮世風呂（三代広重画／明治元年）

かがみ磨き

いづれも同じことなるを、常にたくを風呂といい、たてあけの戸なきを柘榴風呂とはなんでいうや、かがみいるとのことなり。

とて、以前の戸棚風呂が引戸の出入口であったのに、ざくろ風呂にはそれがない、そして低い鴨居の下から屈み入る（鏡射る）洒落で「ざくろ風呂」といったとの説なのである。この説が、一般には称えられている。むかしの鏡は、円形で下方に柄が出ていて持つように作られていた鉄製のもので、この鏡面は磨ぎ出しになって光っているのである。だが古びてくると鏡面がくもり、顔が映りにくくなるので、「鏡磨ぎ屋」にみがかせた。すると磨ぎ屋はざくろの実でこすって光らせた、つまり弱酸性でくもりを拭い去ったわけだが、この鏡射るを、屈み入るにかけていった洒落からでた名称といわれている。信節の『嬉遊笑覧』、寺門静軒の『江戸繁昌記』、三馬の『浮世風呂』などにも「ざくろ風呂」の名はでてくるし、鏡磨屋のことでは『富山県の歴史と文化』（昭和三十七年）の中にも、農民の副業として生活を支えるだいじな仕事の一つだったといい、農閑期を利用して旅稼ぎに出で家庭や神社の鏡をとぎ回ったのだった。

鏡とぎは道具を背負って旅に出た。なかには農繁期にも村へ帰らず旅稼ぎに終り、離農する者も出たので藩では厳重にこれを取締った。その出発は必ず秋の年貢納めの済んだのちにし、春の彼岸の終りまでには帰国させた。万一、日限通り帰国しないときは、本人には一日三百文、連れ人には百文の罰金を出させた。云々。

とある。鏡磨ぎと浴場とは直接の関係は何もないだろうが、ざくろ風呂の名の起こりはこのようだというのである。

庶民風俗としての浴室の変遷

ここでいちおうわが国の庶民風俗の中での入浴ということと、それぞれの浴室の変遷について、その大略を記しておきたい。

水浴から温浴への嗜好の転換、仏教上の影響で入浴思想が普及したこと、そして共同浴室が供養風呂や施し風呂の意味で発展したこと、沐浴形式にはこのようにして、洗浴と蒸風呂が古くから並行して行われてきたこと、しかし、やがて入浴設備を作って商売とする浴場営業の銭湯が現われたこと等々、これから以下各項に述べようとする入浴風俗史を理解する便宜のために、いちおうここで大要を掲げておきたいと思うのである。

蒸風呂と洗湯

岩風呂、釜風呂などのことは前にも述べたが、このように人々が風呂を設けて入浴する風俗が起こった最初の浴場形式は「蒸風呂」だった。もちろんそれらと並行して、温泉の発見などから温浴を好むようになった個人の間には、洗浴の「行水」も行われるようになっていたことは考られる。

とにかく、わが国の入浴形式には「水浴」時代を除いては、「蒸風呂」と「温湯浴」とが行われた。そして、さらに営業浴場たる「銭湯」が起こってからも、浴槽形式などにはだんだんと変化を来したものの、やはり「蒸風呂」と「洗湯」との系統が根本になっている。

古い寺院における「大湯屋」との呼称は、これは後年の営業浴湯である銭湯の「湯屋」の意味ではなく、つまり浴殿のことなのであって、この大湯屋の屋は建物家屋を指す称であった。また古い文書や日記などに現われた「湯屋風呂屋」があったということ、たとえば慶長十七年（一六一二）片桐旦元が兵庫の宿に与えた覚書中に、湯屋風呂屋、傾城屋などの名が見えるのは、果たしてそのような営業浴場が存在していたのか、あるいは単なる街の共同浴場的な存在のものであったかどうか、詳細はわからないが、傾城屋風の茶屋で入浴設備をもっていたのかもしれない。

しかし、江戸の銭湯は『そぞろ物語』によると、天正十九年（一五九一）夏頃に初めて起こったとあるので、慶長年間にはすでに営業浴場というものが出現していたとみてさしつかえないわけである。それにしてもここにいう「湯屋」は行水式の浴場であり、他の「風呂屋」とあるのは蒸風呂式の浴湯であると思われる。それからさらに江戸の銭湯がだいぶ数を増してきた元禄以前の文献などにいっている「湯屋風呂」との称は、蒸風呂が「戸棚風呂」とか「ざくろ風呂」として変化していった浴場構造の中で、多くの浴客を扱い出入が頻繁のため浴室の温度を保ち補おうとして、浴槽の底に湯を少し貯えた形式のものとなったからで、いわば洗湯の「湯屋」とも蒸風呂だけの「風呂屋」ともわかち難いさまを称したのであろう。

後年この蒸風呂と洗湯とが各々別個の営業浴場となってからも、京坂ではもっぱら浴場を「風呂屋」と呼び、江戸では主として「湯屋」と呼称した。この風習は古くから発達した蒸風呂が京坂地方に流行したためであり、江戸では遅れて銭湯が発達したので、それらが盛んになった頃には洗湯が多かったからであろう。そしてこの洗湯が江戸では庶民の間に独特の発達をとげて親しまれたので「湯屋」の称が通称となったのである。だが、かくして湯屋も風呂屋も俗称としては浴槽形態のいかんにかかわらず同意語とさえなるに至った。

明治初年の江戸銭湯 柘榴風呂（長谷川渓石『江戸東京実見画録』より）

天保初年の大坂風呂（長谷川雪旦画／中桐確太郎「風呂」より）

風呂の語原は室（ムロ）の転訛語だったという。『古語辞典』には、むろ（室）、⑴昔、家の奥にあって土で塗りこめ、寝室などとしたところ。⑵昔、山腹などにあって岩屋のように構えたところ。とある。⑴は俗に「塗込め」という土蔵造りのような一室で、古い農家などではここを夫婦の寝所とし、万年床を敷き放しにされたりしていたし、あるいは産室として産婦がここを用いたりした風俗があった。

また納豆を造る温室も一般にムロと称せられている。

蒸風呂も同様に、初めは岩屋の中で火を焚き、熱せられた岩に水をかけて洞窟内に湯気を充満させ、そこで裸身を蒸されたから、風呂の名が起こったのである。それらのことはさらに以下順次述べることにしたい。

♨入浴風俗

それから一方には入浴が享楽と結びついて、娼家の浴室として発達したものもあり、あるいは旅情を慰める一手段として行われ、旅舎と浴室には各時代とも特別の関連をもつに至った。このことは「茶屋」「旅籠屋」「浴場」「娼家」と、風俗上この間にはどうやら本質的な関連があるようで、この種の業種の発展と変遷の上からでは注目すべき事実であるといえそうである。

また入浴ということが、人々の生活に必要とされたことから、浴場営業の存在も当然なものであるが、さらに入浴風俗にはさまざまな魅力的欲求やら、利用上の変遷もあって語るべきことが多い。江戸時代の当初、まだ営業浴場の銭湯の規模や形態が極めて貧弱であった頃、武士の銭湯通いが禁止されたこともあった。四民の最上階級者として、特権と権威を誇った武士が、街の銭湯で百姓町人といっしょに裸で入浴することは、どうも武士の誇りにそぐわないものがあったと考えられたのであろう。

また元禄時代頃までの銭湯に入浴する者は、男も女も褌をして入ったというが、群衆の中での裸体姿ということが、ことに女性には羞恥感となっていて、「女湯」はあっても銭湯の女客は比較的少なく、自家で行水式の入浴をしていたといわれる。こうした裸体風俗と入浴ということでは、今日と違っていろいろな問題があったと思われる。

それからもう一つ、入浴施設の変化、温泉や銭湯、その他の入浴流行風俗の盛衰と、時代世相の変化という社会事象が、これまでの歴史上にはあまりいわれていなければど、事実そのような現象がしばしば起こっている。このことも考えさせられるものがあるのではないか。

据風呂の出現

据風呂は、慶長十九年（一六一四）大谷隼人という者の考案によるという（武江年表）。「居風呂」とも書き、また「水風呂（ふいふろ）」ともいっている。西鶴の『日本永代蔵』にも水風呂とあり、『古語辞典』には「すいふろ」を「すゑふろ」の転とあるが、『歴世女装考』には、

むかしは風呂と云えば塩風呂（釜風呂）なるが常なり、それ故に井水を沸したるをば水風呂または行水という。

とあって、語原的には据風呂の訛言とはいい難い。『広辞苑』では、

水風呂（すいふろ）。蒸風呂や塩風呂その他の薬湯に対して、井戸水をわかした普通の風呂。風呂桶に焚口を設けてあるもの、スエフロ（据風呂）の訛ともいう。

と記されている。要するに据風呂は浴室、浴槽についての名であり、水風呂は浴式の称である。そしてそれ

までは蒸風呂であったのが、この頃「据風呂」というのが出現して浴槽に湯を入れ、その中に入浴したので、洗浴式のものを蒸風呂と区別して「水風呂」といったのであろう。前記中桐氏の考証では浴槽移動できる「戦陣風呂」から起こった浴槽にいう名だという。水風呂と行水のことではさらに別記することにしたい。

平安朝の清少納言の随筆『枕草子』にも、

きびよきもの。たち風呂に入りたるもきびはよし。

とあり、蒸風呂や行水は、すでに古くから行われたが、風呂桶の浴槽が出現したのは、徳川時代になった慶長の終り頃からだった。しかし、この据風呂に焚口がついて浴槽に直接湯を沸すようになったのは、さらに後年のことで、その前に「汲込式」の据風呂も行われたらしい。とにかく特に浴糟というものが考えだされて、そこに入浴したのが「据風呂」と呼ばれたのであろう。

いずれにせよ、この据風呂が出現したことによって、人々の入浴風俗は大いに変化した。後年江戸の湯屋銭湯が独特な発展を遂げ、上方の風呂屋に対して、江戸では湯屋の名が通称となったのも、まったく据風呂の影響といわなければならない。また据風呂の出現によって、市中の銭湯以外の「辻風呂」「船湯」などの新商売も起こったし、「五右衛門風呂」「長州風呂」その他の自家用庶民風呂の流行ともなり、いよいよ庶民大衆の中に入浴風俗が普及するに至ったのである。

♨ 水風呂と行水

『歴世女装考』にいう「井水をわかしたるをば水風呂または行水という」とは前にも挙げたところだが、「据風呂」は浴槽形態から出た称であり、「水風呂」は沸し湯にひたる入浴形式上の名で、さらに「行水」とは語義的にいってすべて湯を使うとのことで、湯で洗うとか湯あみする意だったのである。だから水風呂といっても決して冷水浴との意味ではない。蒸風呂を「空風呂」と称したのに対して水風呂は「洗湯」をいったわけだった。

近代のいわゆる行水は、もっぱら盥行水のような簡単な入浴方法を指していっているのだけれども、『貞丈雑記』にもあるように、

古昔すでに湯殿の設けあれど、据風呂ありて入浴するにあらず、今俗にいう行水の如きありさま云々。とて、湯殿でいくつもの湯桶を置いて、それに沸し湯をとり、洗ったり浴びたりした。これが行水だった。いずれにせよ蒸風呂ではなく沸し湯を用いるものだったのである。

後年市中の湯屋銭湯のことを洗湯と称しているのがあるが、それらがすべて湯槽中に入浴するものだったから、銭湯も洗湯も文字は違うけれども実際は同じ故、間違いではないように、据風呂はその中に湯を入れて入浴したものだから、据風呂も水風呂も実際は同じだった。

据風呂は居風呂とも書かれているように、浴槽を備えつけたものであり、またそれは移動して他の場所へも備えつけられたのである。だがこの据風呂というのは、「汲込湯」のものと「焚き湯」とがあった。

貴女の入浴

『女礼備忘随筆』という書には、貴女の入浴について記しているが、その大要は次のとおりである。

女中方は男中方のように素肌では入浴しない。風呂に入るにも湯具をあて、その上に明衣（あかは）を着る、そしてそのままで浴槽に入るが、浴槽内では明衣だけをとり、上がるときはまた明衣を着て出

で、やがて常の乾いた浴衣を着て湯殿から出るのであった。

この明衣というのは、麻の薄い単衣だが、後年庶民の間に用いられるようになった浴衣(ゆかたびら)は「ゆかた」と称して、この浴後の仮衣から起こった風俗だった。それ故に略装として湯上りの素肌に着たのであるけれども、くつろいだ単衣の湯上り姿には、特別な艶姿の魅力があったというので、庶民風俗では特殊な流行を来したのであった。

また、ここにいう湯具は、もちろん女褌の湯文字のことで、

伏縫いの共ぎれの紐がついていて、それで腰に結び留めたといっているし、男女共浴槽に入るときには中に風呂敷とて大きな四角の布の一端にいくつかの乳(引っかけるところで、のれんの乳のような耳のこと)のついたものを、湯の上に浮べその上に乗って入るのである。すると乳は浴槽内の鈎にかけられているから、入浴者はこの布を敷く型になり、直接肌が風呂桶には触れないことになる。

といっている。

御湯殿風俗

このような据風呂(水風呂)の古式は、宮中にも永く伝統されていたようで、小川金男著『宮廷』には、宮中における御湯殿の有様が次のように記されている。

御湯殿は畳の上に、御たたみと云って二畳敷ぐらいの厚い敷物の敷いてある脱衣場の奥の、八畳ほどの広さの流し場であるが、その中央に釜のない円形の檜の湯舟が置いてある。

御湯殿の準備は輿丁の役目であるが、輿丁は別の場所に備えてある釜で湯をわかしておいて、手桶に

汲んで御湯殿に運ぶのである。そのときには白袖の着物に白の袴をはくことになっている。手桶に汲んで運んだ湯は、もちろん湯舟に入れるわけであるが、そのほかにも沢山の手桶に熱湯を汲んで置き、湯をうめるときの用意をしておく。かくして準備ができると女官が湯加減を見て御案内するのであった。

据風呂も初めは焚口の釜などついていなかったのか、それとも貴人の入浴には釜焚きなどの身分の低い者を近付けないためであったのか、とにかくこのような「汲込式」の浴槽なり湯舟が用いられていたのである。

昔の大名の殿様などの入浴も、だいたいこれに似た形式で行われていたという。

湯殿の一隅に汲込式の浴槽があり、別にいくつかの桶に熱い湯や水が用意されるのだが、これらは湯番の男の役目だった。そして準備が整うとお小姓の士が殿様を案内して付添う。

殿様が湯に入ろうとして、熱過ぎると、「熱いようだな」と独り言のようにつぶやく、するとお小姓がこれを聞いてすぐさま湯番の男に命じて湯加減を調節した。湯番は身分の低い者だから、決して殿様と直接口をきくことは許されない。すべてお小姓を通じて命を受けるのであるし、また殿様はもしも「湯が熱いぞ」とでもいえば、それは係の者の不行届ということで、処分されねばならなかったから、独り言のようにいうよう殿様も仕込まれていたのである。

だがこんな場合には、殿様も浴槽の前で裸で待たねばならなかったし、それでも自身で手を下すわけにはゆかず、殿様も不便なものだった、という話がある。

後年の湯屋銭湯でも、浴客が入る大きな浴槽とは別に、背後の羽目板の影には「元湯」の湯槽があり、この方に焚口があって、浴客の浴槽には元湯から送られていたのである。

次に水風呂のことだが、古川柳に、

すいふろに丁稚を入れる旅の留守

との句がある。その他にも「すいふろ」といっている例も少なくないが、とにかくこの川柳では「すいふろ」と仮名で書いている。そして事実は、据風呂を指しているのである。

この句意は情事の意味をきかせている破礼句でもあるのだが、表面の句意では亭主が旅に出ている留守中なので、気兼もいらないし少人数の入浴だけでは湯がもったいないからとて、丁稚にも入浴させたいというのである。ところが破礼句の据風呂は秘語で据膳と同義の異名となっている。

それからもう一つ「行水」の称では、これが遊里語中にもあって、川柳には、

行水のわかる浅黄は垢がぬけ

との句がある。浅黄は浅黄裏として遊里では野暮な武家客、田舎武士などの異名にいわれている称である。垢が抜けとは、俗に垢抜けがしているという、素人離れのしている通人並のわけ知りといった意で、湯に関係のある垢ぬけと用いたのである。そこで遊女の通言での「行水」は、女の生理期間を示す言葉なのである。だから自分が相方に選んだ女郎が、行水だというのを聞いて、察しのつくような浅黄裏なら、まんざらの野暮天ではないとの句意となる。

この意味の遊里語としての「行水」の解説は、普通の辞書にはほとんど出ていないのだが、思うに月華を経水、経行などとも別称するその経水を「きようすい」と訓ませ、行水と文字を替えて隠語としたものであろう。このように他の当字に替えて隠語とした例は他にあることだった。

『部屋三味線』には、

行水をことわらずにしては、こつちの罪になる云々。

と行水の名が見えるし、川柳にはまた、

行水でざんすと門へ戸を立てる

との句もある。

据風呂が出現したという慶長十九年（一六一四）頃、江戸にはすでに「銭湯」が存在していたはずであるし、その後二十年ばかりで「湯女風呂」も流行となっている。だがこれらは公衆浴場の営業としても蒸風呂だった。ところが「据風呂」は「水風呂」として新しく登場し、入浴風俗に大きな変化をもたらしたものといえる。

辻風呂

そこで据風呂は、その後さまざまの形式のものが作りだされたけれども、まずこれを利用した新しい商売が考案されたのである。『用捨箱』には延宝八年（一六八〇）京都に「辻風呂」というものが出現したことを報じている。街の辻の要所に据風呂桶を持ち出して、人々の望にまかせて入浴させた商売が、「辻風呂」だったのである。いわば臨時移動式の浴場営業というわけである。

延宝、天和の頃には「辻咄」というのも起こり、大道の辻や河原の広場などに小屋掛して、軽口咄など聞かせ人々を入場させて料金をとる。後年の寄席落語の元祖といった新商売だったのである。それから元禄には「辻駕籠」も現れたが、とにかく辻商売ともいうべき街頭商売の進出が流行した時代で、「辻風呂」もその一つの新商売だった。

また、この辻風呂が所を定めず据風呂桶を担って歩き、随時随所に客を迎えて入浴商売をしたのが「担い風呂」で、元禄の頃には京都の四条河原辺でそれを営む者があったと『川念仏』の書に出ている。

西鶴の『日本永代蔵』には「舟着きの自由させる行水船を拵えて」とて、据風呂桶を舟に仕掛けて、港に停泊の船の間を回り、船夫など入浴させて商売する話が出ているが、このような「行水船」も行われていたのであろう。安永四年版の咄本『一のもり』には、据風呂の話で、

江戸は洗湯が調法でうらやましい。こちらの在所へも折々船湯が来ますが、間遠でこまります……。

との会話が見え、「船湯」といっている。これも船に据風呂を取付けて、川沿いにここかしこと漕ぎ巡り、河岸に船をつけて人々に入浴させた商売だったのである。

これらは、いずれも便利な据風呂ができてから考え出された珍商売なのだが、商売ではなく粋人の洒落趣味から据風呂桶に入ったままで、それを人夫に担がせて雪見をしたとの「雪見風呂」の話や、春は「花見風呂」と洒落た話が、読み物の話題となっているけれども、万治、寛文頃の話としてはまんざらの思いつき物語りだけではないらしい。

♨ 五右衛門風呂

その他「五右衛門風呂」のことでは、有名な十返舎一九作の滑稽本『東海道中膝栗毛』小田原の条で、喜多八が飯盛はたご屋の五右衛門風呂に下駄をはいて入り、ついに風呂の釜の底が抜けて大騒ぎとなる話があるが、この書の異本といわれて内容の筋はほとんど変らない文久二年版の『滑稽東海道五十三駅』では、挿画とともに五右衛門風呂の説明が次のように載っている。

五右衛門風呂（『東海道中膝栗毛』挿画）

土をもってかまどを築き立て、その上へ餅屋のどら焼をやく如きの、うすっぺらなる鍋をかけて、それにすいふろおけを置き、まわりを湯のもれぬように、しっくいを以て塗りかためたる風呂なり云々。

というのである。焚き物が便利で湯が早く沸き、便利で経済的な様式の据風呂なのである。底は釜なので入ったとき足が熱くないように、木の板を丸い形に作って風呂の底に沈め、その上に乗るようにして入るのである。ところが、この風呂のことを知らない喜多八が、風呂の中に浮んだ丸板をふたかと思って取り去り、そして風呂に入ったから、下から焚き物を燃されて足が熱くて居たたまれず、考えたあげくにかたわらの便所の下駄をはいて入ったのだが、それで釜がこわれて大騒動になった滑稽話だった。

長州風呂

これに似て大きな鍋を、かまどに乗せて塗りかため、とくに据風呂桶を上につけない「長州風呂」というものもある。

昭和の戦前頃まで、岡山県久世地方の山間部には、まだこれを用いていたところがあり、普通の据風呂のつもりで入ると湯は胸の下ぐらいまでしか沈められず、胸から肩が湯に浸せないものである。どうして入るものかわからないから、やがて両足を釜のふちから外に垂らして出し、今度は肩まで沈めたりした。

奈良県御所の郊外の農家では、底が釜になっていてその上に風呂桶を置いたやや深いものがあったが、これも底板を沈めて入浴した。しかし湯は底の方に少ししかなく、肩まで浸るということはできないものだった。おそらく上半身はわずかな湯気で蒸されて満足に思わねばならぬらしかった。

また富山県で近代まで行われていたという風呂桶では、丸い桶がやや深くできているのだが、湯はきわめて少なく、入ってから桶の上に唐傘のような笠をさして、湯気であたたまるのだという。この式で「飛込風呂」との名のものもあるとか（「石風呂・釜風呂」の条参照）。

据風呂桶にはさまざまの入浴方法のものがあったのである。

第三章　銭　湯　史

湯屋・銭湯

『そぞろ物語』に、江戸銭湯の始まりとして記されているところでは、

天正十九年（一五九一）の夏の頃、伊勢の与市といいしもの、銭瓶橋のほとりに銭湯風呂を一つ立つる。風呂銭は永楽一銭なり云々。

とある。また『歴世女装考』の中には、天正十八年大坂に風呂屋ができたとの記載がある。よって大坂は、江戸より一年早く「風呂屋」が出現し、江戸ではその翌年に初めて「銭湯風呂屋」ができたことになる。このいずれもが入浴料をとって公衆を入浴させた営業浴場だったのである。

ところで『倭訓栞』に、

ユヤ。俗に湯をひさぐの家をもいう。またセントウという。銭湯の義、銭を出して湯をつかう義なり。

とある。これは「湯屋」「銭湯」の説明なのであって、料金をとって公衆を入浴させる浴場営業のこととなる。だがここに「湯屋」と「風呂屋」ということ、それから「銭湯」と「洗湯」などの用語は、そうした浴場構造の出現発達の考察上には重要な関係があるので注意されねばならぬことである。しかし古書中には往々にしてこの点の混同があり、それぞれの種類形態の推移の歴史を判断する場合に、誤りを起こさせることがある。

銭湯の起源

さて名称として銭湯との名は、もっと古く鎌倉時代の文献にも「浅湯草履」の名があったといい、京都にも古く「町湯町風呂」が存在したことなどから、『そぞろ物語』にいう江戸銭湯の始まりとは、文字通り江戸における銭湯の出現だったということに考ねえばならない。しかも『そぞろ物語』の記はさらに文を続けて、その浴客らは銭湯ができたことの珍らしさから押掛けたが、不慣れのため熱い湯気に息もつけないとて、入口に立ちふさがったなど描写されている情景から、この与市創設の銭湯は蒸風呂だったことが指摘されている。また創設者が伊勢の与市という者の点からでも、この銭湯は「伊勢風呂」などから思いついて始められた、蒸風呂であろうことも想像できるのである。

そして前記『歴世女装考』にいっている大坂の風呂屋も、その名の通り蒸風呂だったに違いないとすれば、この頃に起こった銭湯は、およそ蒸風呂形態のものだったことが知れる。そうすると「銭湯」という言葉が気になってくる。このほかに営業浴場で、その頃「湯屋」もあったのかとの疑問が起こるわけである。

前にも述べたが、銭湯を上方ではもっぱら風呂屋と呼び、江戸では湯屋と通称した。これは近代まで伝統されてきたが、今はどちらも同意語として実際には普通の浴槽の洗湯のことなのである。そして銭湯の蒸風呂はきわめて稀れである。

しかし、江戸時代の銭湯が洗湯になったのはだいぶ後のことだったから、江戸初期の蒸風呂営業のものを銭湯といい、銭湯は湯屋のことだと説明するとまぎらわしく、年代考証などに古書文献を挙げる折には、とくに注意されねばならない。

風呂屋（「北斎漫画」より）

遊女屋の風呂（芳虎画「当世十二時之内 丑之刻」）

しかしまた以前の「町湯町風呂」などが、やはりいわゆる銭湯だったのか、それとも茶屋などの付属施設だったのか、その辺の詳しいことはわからない。

それと慶長の末に出現した「据風呂」によって、「辻風呂」や「船湯」が考えだされたが、これは「洗湯」のものだったのである。入浴を営業とした点では同じく銭湯だったから、いわゆる町の銭湯が多くは蒸風呂であったにしても、湯屋銭湯にもこの形のものは存在したことになる。

次に江戸銭湯の営業時間を定めた規定の最初に発令されたのは、承応二年（一六五三）だったが、それには、

湯屋風呂屋、明け六っ刻より暮六ッ刻までにて焚仕舞可申候事。

とあり、この定めは幕末まで一貫して施行され、承応以後二回ほど重ねて触れだされているが内容は変わりがない。とにかく、ここでは「湯屋風呂屋」といい、湯屋銭湯にも適用される規程となっているのは、いわゆる「湯屋」があったからといえそうである。

湯女風呂と洗湯

嘉永四年（一八五一）版の『洗湯手引草』の書は、江戸の銭湯に関する各種の記録を掲げて著名なものだが、その中の「湯女風呂」についての条には、

寛永の初めに弥宜町に洗湯初まりて酒客をいたし、酌取背中を流し、これを湯女と名づくる。今のよし町也。それより追々所々へ出来て、正保の初めに訳ありて酒客酌取相止む。湯銭一人前六文ずつにて当世の湯屋にことなることなし。

とある。「湯女風呂」のことは次項に詳しく述べるが、その垢かき女が容色を飾り遊女のようになった「湯

女風呂」は、寛永中頃以後のことであり、当時の湯女風呂は、「戸棚風呂」形式のものだった。これに対して『洗湯手引草』は「洗湯」といっている。そしてまた「当世の湯屋にことなることなし」とて「湯屋」の称も用いている。嘉永年代にはもはやほとんどの銭湯が湯屋だったから、この頃には銭湯と洗湯とを同意語に用いていても、少しも不審ではないけれども、寛永の初めの湯女風呂を洗湯というのは誤られやすい。

とにかく、江戸の銭湯出現は天正十九年（一五九一）頃からという。だから徳川時代となった慶長年間には、江戸には銭湯が存在していたに違いない。そして慶長十九年以後、据風呂の出現によって辻風呂が現われ、ここに銭湯の洗湯形式が普及して、湯屋への発展が傾向づけられたとみることができるだろう。

いずれにせよ、公衆浴場たる銭湯が起こったことは、人々の生活風俗に大きな影響をもたらした。そして入浴が人々の生活に必要なものであるだけに、これを商売とする業者もしだいに増加していった。しかし蒸風呂から発達した大衆銭湯は、その規模の点などから、だいぶ久しい間きわめて貧弱なものであったらしく、ことに女湯の浴客数は少なかった。一時は武士の銭湯通いが禁じられたこともあり、多数人がいっしょに裸体となる風俗の関係もその原因だったようである。

江戸の浴場で、まず最初に評判となり流行したのは「湯女風呂」だった。ここではやがて湯女との遊びが行われ、この形態は、しばしば取締りが繰返されたにもかかわらず、長く絶えることがなかったが、入浴の享楽ということと遊びと浴場との関連の現われがうかがわれるのである。

♨町の銭湯

銭湯の形式も蒸風呂から「板風呂」「棚風呂」「ざくろ風呂」へと変化をたどり、漸次「洗湯」傾向へ推移、中期以後の江戸銭湯は、庶民大衆の銭湯として独特の発達をとげ、ついに「浮世風呂」の名さえ起こって親しまれるようになった。

湯女風呂が突然市中の私娼家化して、さまざまな面から取締りを受けたので、ようやく衰退したが、寛政の初めには、「男女入込湯」禁止という新しい問題が発生した。銭湯にこうした業態が行われたこともあったのである。だがこの禁止令以後、銭湯の「女湯」「男湯」の区別ができたのであって、脱衣場から浴槽までの仕切が設けられ、入口の作りなどにも変化が起こった。嘉永頃の「二階風呂」は湯女風呂の再現だったともいわれるが、たいした流行にも至らず姿を消すことになった。

その後「改良風呂」とて、温泉風を採入れた浴場形式が出現して、明治時代の銭湯を迎えることとなったのだが、幕末から明治維新への世代の転換期に、銭湯の様子も再び大きな変遷をしたのである。こうした各種銭湯については、さらにそれぞれの条に重ねて述べることとする。

だが、文政に禁止となった「ざくろ風呂」以後の湯屋銭湯の様子、それからいわゆる「二階風呂」でない一般の湯屋二階等のことで、次に西沢李叟の嘉永三年（一八五〇）江戸見聞の記録に見える銭湯の模様は、この頃の情景を知ることができると思われるので引用する。

湯屋の門口に、男湯、女湯と並びて有り、この二つの入口をば入りし所の真中に、内の方を向き銭取場あり、ここ一所にて男女湯をも兼帯の番なり。歯磨、楊子、膏薬の類銭取場に取次あり。この傍に二階へ上る大段椅子あり、未明より夜の五つまで、上り湯とて船にて沸し有りて汲出し次第なり。風呂は中狭く底深くて腰掛なく、前の戸低く下りて中暗く、昼にても顔は見えぬくらい、湯は熱くて体をしめすばかりなり、故にみな外に出て洗う。ここに三助と通り名して背を流す男あり。晦日々々祝儀を銭取番にやれば、その客来ると拍子木を打ち、三助勝手より来りて留桶とて上客にばかりつかう飯櫃ほどなる大桶に、あふるる湯を汲み平生の小桶二つにも湯を汲みて置く事なり。客風呂より出でこの桶より遣すことなし。幼子など連行く近所の衆は、この大桶の中へ子供を入れ置きて、親は小桶にて洗うもあり、湯上りにてまた元の如く湯を汲みて出だしあり、これらを思えば上方の湯は、夕方ならでは上り湯なく、いぢましく思わる。上り湯にはその辺の雑講釈見世物の類の番付を張る。

どこで切ったの、はったの、火事、芝居等の噂を聞こうなら銭湯に増すことなし。節句朔日の紋日には、おひねりとて十二文、紙に包んで持ち行くなり。暑中桃の湯とて桃の葉を湯に焚きて入れる。この日もやはりおひねりなり云々。

「ざくろ口」は文政五年（一八二二）に禁じられたのであるが、その後の銭湯でもこのように浴槽前の戸が低くなっているのがあった。その他の状況は明治時代までだいたい伝えられている。

湯女風呂

♨湯　女

湯女風呂は、江戸の初め慶長年間（一五九六～一六一四）に出現したともいわれるが、始原は詳らかでない。その形態は一種の茶屋で酒客を扱い、風呂場の設けがあって客を入浴させ、垢かき女を「湯女」と称し、これが酒の相手をもしたのだったが、後には売色女と化したところから私娼家と看做されることともなったのである。

しかし、これは古くからの温泉宿の遊女「湯女」をまねて発生したものだともいわれる点では、銭湯の湯女はまさに「町湯女」とも称すべき存在であるけれども、ここの湯女がようやく売女化したのは寛永十年（一六三三）頃からだった。

そして度々の取締りによって元禄の末（一七〇三）ようやく姿を消したかに見えたが、絶滅に至らずその後は一般市中の銭湯において同様な湯女風呂を営むものが起こって、再び流行し天保頃まで続いたのだった。

江戸銭湯の始原は、天正十九年（一五九一）だというから、慶長の頃にはすでに市中にいくつかの銭湯風呂が存在したはずである。しかしそうした普通の銭湯のことは、あまり伝えられず寛永の湯女風呂が評判となった寛永十年には、湯女風呂が流行して吉原衰微すと年表に見え、湯女風呂もようやくこの頃から盛んになったのである。

寛永二十年の『色音論』では、

江戸の湯女は、勤番武士によって流行し、外濠を取巻く風呂屋の続出を見、殊に道三橋附近、鎌倉河岸に全盛した

と江戸における湯女風呂の発生地点や流行の点について指摘している。これには銭湯の出現と武士の入浴という事情もあったことだが、また湯女風呂が接待女の居る浴場兼茶屋であった理由にもよることだろう。

徳川の江戸創生期には、全国から諸藩の武士が連れて来られたのであるし、町人もそれら武家生活を支えるための職人や商人として集められたのであり、それ以外にも江戸の繁栄を聞き伝えて集って来た者も少なくなかった。そして総体的には、男の人口の方がはるかに多くて、女は少ないという状態だった。それにおよそ新興都市はまず食べ物屋と女のいる遊び茶屋によって繁昌していくのが、いつの時代いずれの土地でも常例であったように、創生期の江戸に湯女風呂が発生したのも決して偶然ではなかった。

『そぞろ物語』の記事を根拠としてその他の随筆書などに、吉原遊廓はかの庄司甚内の元和創立の吉原以前、すでに吉原遊廓というのは存在していたとの異説があるが、これは、どうやら寛永六年（一六二九）に箱根以西へ追放された遊女共のことらしくて、その頃江戸城近くで遊女歌舞伎などを行い、客引きをした遊女であった。そして後にこの処置についてというよりも、折角追放処分にしてもすぐにまた他の娼婦達が江戸に入り込んで来て始末が悪かったので、そのことで家康に意見を聞いたところ、家康は「日本国中の諸武士末々者に至るまで、江戸に来りて諸国になき楽しみを致さんと存じ、勇み寄るこそよけれ、苦しからざるはその分に永々さし置き候へ」とのことだった（事跡合考）、からその後は厳しい処分もしなかったらしい。元和にはいわゆる公娼制を許可したことでもあり、家康の政策もあって、そのくらいにいったわけだった。

——吉原遊廓以前の吉原遊里というのは、大橋柳町の娼家が移転した先の遊里を指しているらしい。——

とにかく、その当時には遊女歌舞伎などが盛んになって、遊女屋が散在し、湯女風呂の出現も全然理由のないわけではなかった。

湯女の遊女化

ところで『歴世女装考』でいっているのは、

湯女、寛永の中頃に至りて容色を飾り、浴客等が酒の相手をもなし、櫛一枚は常なる故、塗櫛を二枚さして客の多きを見せ、頭のかざりとも湯女の印ともしたるなり。やや色を売るに至り大湯女、小湯女の名目ありて、大湯女は酌をとり、小湯女は垢をすり髪を洗う。

とあって、寛永の中頃から酌取女として容色を飾るようになり、やがて色を売る大湯女が現われたとしている。おそらく江戸の湯女が遊女化して、その意味での湯女風呂が流行しだしたのは、だから寛永の中頃からだったろうと思われる。このことは、取締年代表に現われた状況に照してみても想像がつく。

年表に現われた状況を掲げると、

寛永十年（一六三三）、この頃江戸に湯女風呂流行して吉原衰微す。

とあるので、これは湯女が発展して湯女風呂通いの客が多くなったことを示すものである。元和四年（一六一八）吉原遊廓が開設されて、それまで市中に散在していた遊女屋が廓に集結されたとはいうものの、当時の状況では諸国から江戸に入り込んでくる娼婦や業者は、次々と少なくなかったろうし、公認の吉原遊廓の遊びは裕福な武士などを主として歓迎されたことだから、庶民的な市中の遊び場所が他面において要求された傾向も決して無かったとはいえない。

そこへ珍らしい湯女風呂が出現したというわけである。

寛永十四年江戸の湯女風呂は、湯女一軒に三人限りと定められ、違反者は大門外で刑に処するということになった。

これは公認の吉原遊廓の保護政策の一環でもあったが、ようやく銭湯の湯女の遊女化が起こったためでもあった。寛永十六年には吉原の遊女屋が湯女風呂に自家の遊女を托して売色したのが知れて、処罰された事件があった。湯女風呂の繁昌に反して、吉原が不況となったための苦肉の策でもあった。

正保二年（一六四五）には、湯屋に女を抱えて客を宿泊させることを禁ずとの令が出た。

湯屋取締

『洗湯手引草』に「正保の初めわけありて酒客酌取相止む」といっているのはこのことであろう。普通の銭湯でも構えを替えて湯女風呂となるのはむづかしいことではなかったから、風呂屋一般に適用できるこのような禁令が出されたのであろう。とにかく湯屋取締はまずこうした湯女風呂のことから始まったのである。

正保三年（一六四六）には、江戸で風呂屋の鑑板の売買を禁じた。

鑑板というのは、鑑札とか営業権などのことで、処罰した湯屋も名義を替えて行われては実効がなかったからである。

有名な丹前風呂の「勝山」が湯女となったのはこの年らしいが、文献によっては年代の異っている異説がある。

湯女勝山の逸話には、その後吉原の太夫となってからも、さまざまな話が伝えられている。とにかく、かくて慶安承応の頃には湯女風呂が盛んで、その頃の町奴、旗本奴の連中も出入して互に張り合っていた。日本橋の浮世小路あたりに湯女風呂があって、侠客が得意客となっていた話もある。

慶安元年（一六四八）四月、江戸市中の湯女を禁ず。（『淡海』巻八）

『そぞろ物語』は、慶長の末には各所に銭湯ができたといい、

湯女と云いてなまめける女共、二十人三十人並びいて垢をかき、髪をすゝぐ、さてまた外に容色たぐいなく心さま優にやさしき女房ども、湯よ茶よと云いて持ち来り、戯れ浮世語りをなす云々。

とあるが、かような状況は年代がもう少し後のことではあるまいか。この書は、三浦浄心作で寛永十八年（一六四一）刊ということだが、写本で伝えられていた間などに、後年のことが混り加ったものか年代的に疑問な点がある。とにかくこの慶安元年には、ついに江戸市中の湯女の禁令がでた。湯女が吉原廓外における隠売女と看倣された結果に違いない。が、承応元年（一六五二）には、さらに湯女の転売借を禁ずるとの令がでた。

湯屋の鑑板売買に次いで、こんどは湯女の貸借転売が禁止されたのである。つまり、湯屋だけでなく、湯女風呂の内容的要素である湯女の移動が禁止されたわけだった。

♨ 客引男「牛」

ところで『洞房語園』に見える遊女屋の客引男「牛」（ぎう）の語源についての文献があるが、これはまた、湯屋と遊女との文献の一つともいえるもので、次にその文を掲げてみよう。

承応の頃、ふきや町に泉風呂の弥兵衛という者ありしが、かの家に久助とて年久しく召使いし男あり

て、風呂屋の遊女を引きまわし客を扱いけり。その久助煙草を好みしが、他人に紛れぬようにと、紫竹の太きを長さ七、八寸に切り、吸口火皿をつけ、この長き煙管を常に放さず腰にさしていたり。その上久助は生れつきの背むしにて、丈は小さき男の煙管をさしている形を、そのころの若き者ども、かの及の字のかたちを見立て、久助が異名を及といいしより、かの風呂屋の方へ遊びに行こうとて、キウが所へ行こうなどと云われしより、自ら風呂屋の男の惣名となれり。板本にはギウを花に廻ると訳せし甚だ杜撰なり。当時ギウを妓有などと書くは好事の者のわざなり。予が若かりしころまでも及と書けり。

とあるが、この説の信疑は保証の限りでない。名前が久助であるのに別の呼び名を及（キウ）といったからとて、文字を変えるなどはよほどの通人の考えである。

だがこの文献は、後年の「牛太郎」についての一説ともなるし、また風呂屋にこのような「廻し方」の男が存在したこと、そして遊女がいたこと、しかも年代は承応の頃とあるなど、参考となるところが多い。とくに湯女風呂として特殊な店構えをしなくとも、このような業態のものが続出したのであろう。

『落穂集』の記載では湯女風呂の状況を、

晩には七ツを打ち候へば仕舞申す。昼のうち風呂入りどもの垢をかき申す湯女共を、七ツ切りに仕舞わせ、それよりは身仕度を調へ、暮方時に至りければ風呂の上り場に囲いなる格子の間を座敷構えに致し、金屏風など引廻し、灯をともし、件の湯女共衣服を改め、三味線ならし、小唄うたい、客集め仕る如く有之也。

という。これは享保頃の有様なのである。従来の湯女風呂が、しばしば取締りを受けたのは、まったく湯女の売色ということのためだった。しかし湯女風呂は、依然として跡を絶たなかったけれども、元禄十六年

（一七〇三）の江戸大火後ようやく衰微の傾向を示した。

だが前記のように享保の頃になると、またまた様子の変わった湯女風呂が出現し始めたのである。昼間は普通の銭湯であるが、夕方になると店を摸様替えして湯女風呂になった。つまり、江戸後期の湯女風呂として、銭湯でこれを営んだ形のものであった。

承応二年（一六五三）十一月、湯屋風呂屋の営業時間を定めた覚書がでた。そして町中の湯屋風呂屋は「明け六つ刻より暮六つ刻までにて焚仕舞可申候事」となった。「暮六つ過ぎ候而湯風呂焚申候はば、此度曲事に可被仰付候間、此旨相守可申候事」というのである。この覚書の全文は、

一、遊女為抱置申間敷事。

一、火之用心堅相守可申候事。

一、湯屋風呂屋、明け六つ時より暮六つ時までにて焚仕舞可申候事。

との三ヵ条で、火事早かった江戸市中の火の用心のため、湯屋銭湯も昼だけで夜の営業は許さなかったわけである。この規定はその後も寛文二年（一六六二）、延宝二年（一六七四）、元禄十二年（一六九九）などにも繰返し触れだされているが、幕末まで一貫した定めとして残っていたのである。

湯女風俗

そこで前記『落穂集』の湯女風呂情景を考えてみる必要がある。

火の用心のこともあり、暮れ六つ時（六時〜八時）で焚き仕舞にして閉店する。これも規定通りである。それから七ツ時から湯女が三味線をとり服装を改めて客をとるのは、もはや銭湯営業としてのものではなくな

る。強いていうなら、いわゆる二枚看板のもう一つの方の営業なのである。もし女共が娼婦であるとして、吉原以外の市中での隠売女は御法度だとの理由によるとしても、この時間外の別営業では、湯屋営業者の商売ではなくて、女共が任意に行っているのである。あるいは場所だけは使わせている。としたら、この湯屋の取締りはどう解釈したらよいだろうか、湯女風呂取締りのためにこれまでもさまざまな方法で湯屋風呂に制限を加えてきた。それでも湯女風呂の実態が、容易に絶滅しなかったのは、それらの事情にもよるものだったろうか。

後年大坂で湯女風呂屋が処分に抗弁して、自分のところでは女共に月三回の休暇を与えているが、その日に女共が馴染客と泊ることのあるのは、風呂屋の主人としては干渉ができないと訴えたとの例がある。こうしたことは、わが国戦後の「売防法」においても女が任意な愛情によって男と泊る場合などは処罰の対象とはならないとて、いわゆる単純売春ということがあるのと似たものであった。

吉原送り

明暦三年（一六五七）には、吉原遊廓が浅草千束村日本堤の地に移転の決定があって、この年移転の予定だったところ、その正月十八日いわゆる振袖火事で死者十万余人と称せられる江戸大火があった。そこで新吉原の開設に多少のおくれを来たしたけれども、八月にはこの機会に廓外の私娼一掃というくらいの大検挙が行われたのである。そして今後は風呂屋へ遊女を隠し抱え置くことを禁ず、との触書をだし、同時に江戸の風呂屋二百軒を取り潰し処分にし、湯女六百余名を捕えて吉原へ奴女郎として送った。

奴とは奴隷といった意味のもので、処罰的な意味があった。古くは武家方で不義などした婦人をいましめのためとて吉原の女郎に勤めさせた。これを「やっこ」といったと『古今吉原大全』にある。女郎勤めは一見気楽そうに見えるけれども、なかなか苦労の多いもので、一面にはまた屈辱的な勤めなのである。それを禁じられた市中の隠売女にも適用したのであって、その筋に捕えられても改悛の見込のない女に、それほど売色稼業がやめられないなら、いっそ吉原へ行って堂々と女郎になったがよいと、刑罰的に強制的に女郎にさせられたのである。

市中の隠売女がわるいと処罰するのに、却って強制的に期限を定めて、その間は嫌やでも女郎勤めをしなければならないというやり方は、いささか矛盾があり、性的な憎しみといった感じもあるわけだが、江戸時代の政策では遊女稼業がいけないというのではなくて、ただ取締りの制度上それは吉原の廓内だけに限り、市中で勝手に行ってはならぬというのだった。だから吉原送りにされたのである。

この奴女郎の勤めの年季は、天和三年（一六八三）には五年間だったが、享保八年（一七二三）からは三年間ということになった。そして強制的に吉原へ送られたのであるから、普通なら吉原の楼主が妓を抱えるには、それぞれその妓の年令や経歴その他によっていわゆる身代金支払いに高低の値段があったのだが、奴女郎の場合はそれがなく、きわめて安い金額で妓を抱えることができた。そこで廓内の組別に割当てられ、安い代金が支払われたものは組で積立てて置き、共同の雑費に当てられたという。

とにかく奴女郎は、安く仕入れられるというので吉原の楼主にとっては大いに喜ばれたから、一つには奴女郎の吉原送りは吉原の保護政策ともなったのであった。そして天保頃には、廓内楼主共の入札に付して分配したともいう。

けいど女郎

深川岡場所では、この奴女郎を「けいど女郎」とも別称していた。明治版の遊里書『通人必携』にも「傾奴女郎」の名があるとて、傾奴の文字が当てられている。

「けいどう」には怪動の文字もあり、遊里の手入れに限らず賭場でも使われた言葉で、不意に警吏の手入を受けることである。『武野俗談』には、「深川三十三間堂呼出し芸子の類、けいどうということ甚だ恐る。公庭へ捕われ、新吉原へ奴に下されける故なり。されば不意にけいどう入る時は、手廻り次第女どもは舟に乗せて、葭沼通り葛西領砂村六杷島こんにやく橋という在郷まで、密に内川つづきを逃すなり。」などと記されているのである。

風呂屋の湯女に限らず、売色芸者なども捕えて吉原へ送られたのである。

明暦三年（一六五七）の湯女の大検挙によって、風呂屋二百軒が取りつぶしの処分にあい、今後の湯女風呂の存続が困難な状況を悟った丹前風呂の勝山が、吉原入りをして太夫妓となったのもこの年だった。その後も奉行所では湯女風呂の再流行を防ごうとして、極力業者に転向を促したが、業者がなおも遊女稼業を継続してしたいならば、いっそ吉原入りをしてそこで遊女屋を渡世とするよう、この際ならば何とか斡旋するとまでいって勧告したほどだったけれども、まだ湯女風呂に対する世間の人気を慮って、思い切れなかった業者のうちには、今度は店を茶屋構にして「茶立女」の名目で稼業を始めたのがあった。

茶立女は上方にかなり流行した売女で、茶屋に抱えられていた遊女だった。昔の遊女は客に茶をたてて供したので、この名を用いたのであろう。しかし、江戸では風呂屋女の替え名として寛文三年（一六六三）頃から寛文八年頃に起った。

だが寛文八年には、またまた江戸市中の隠売女の大検挙が行われ、娼家七十余軒、遊女五百十二人が新吉原へ送られたと『吉原大全』に見える。この中にはかねて奉行所から吉原入りを勧められていた「茶立女」の娼家や湯女風呂渡世の者が含まれていたのであろう。彼らもようやく吉原入りをして、公然たる遊女屋稼業を行うことに決意して、その旨を奉行所に申出で、この問題はこの年に落着したとある。そして廓内には新しく伏見町、堺町を設けて奴女郎を収容したとあるのはそのためだった。

その他吉原の妓品に新しく「散茶女郎」の一階級を生じたのも、湯女崩れの茶立女が吉原入りをして始まったのであり、あるいは格子見世の作り、牛台の起こりなども、風呂屋風俗が吉原に移入されてできたものである。

湯　女

垢かき女

由来「蒸風呂」には、「垢かき女」という職種の女がいた。入浴の世話係には古くから女性が奉仕したのは、どういうわけか詳らかでないが、銭湯の「三助」が男衆になるまでとにかく「垢かき」は女がやっていたのである。

風呂に蒸された浴客の肌に息を吹っかけながら指先で垢をかいたのであるが、これには上手下手で大きな差があったといわれる。『卜養狂歌集』には「風呂吹くこと上手なれば云々」といってるのがあり、蒸風呂に垢をかくことを「風呂を吹く」ともいった。そこで「垢かき女」のことを「風呂吹き女」とも称したのである。

関西には、近代まで銭湯で身体を洗うことを「垢をかく」「垢をとる」と通称していたのに対して、東京などでは「流し」といっている。これは、蒸風呂が早くから関西地方に発達して行われてきた伝統なのであり、江戸では後に洗湯の湯屋が独特の発達をとげたための通称だった。

だが、江戸ッ子は「これでも毎日湯に入っているんだ。だから湯屋に来てもただ汗を流すだけで、上方者のように銭湯で垢をかくなんてシミッタレた根性はねェ」などと気焔をあげたものだ。

とにかく、蒸風呂にはこの「垢かき女」とか「髪洗女」というのがいて、浴客の世話をしていた。

髪洗女というのは、江戸時代には男も髷を結っていたから、銭湯に行ったときには髪を洗ったもので、帰りにはみなちらし髪で往来を歩いていたことは『骨董集』にも記載されているところである。

ところが、江戸の初期に出現した「湯女風呂」では「湯女」と呼ばれた風呂屋女がいた。これは一種の銭湯でもあるが、また茶屋でもあり、二階に客座敷があってそこで酒食も供したもので、階下には広い板の間の流し場があるし、その一隅には「戸棚風呂」などが設けられていて、客は風呂に入って後に湯女を相手に二階座敷で飲食をしたのだった。その点では茶屋が客のために風呂場を施設していたといえないこともない。名前の「湯女風呂」も特殊だが、店の構造も特殊、業態も特殊なものだったのである。

ここの垢かき女を「湯女」と称した。そしてやはり風呂場では、裾をやや短かく着た姿で、たすきがけして、風呂から出た客が流し場の低い腰掛けにかけると、その腕をとり、あるいは後ろに回って垢をかいたのだった。客の肌に息を吹きかけながら、湯女は自分の指先だけで上手に垢をかいたが、洗湯の流しのように、背中から湯をかけ手拭でこするようなことはしなかったという。

このような湯女が愛想よく客を迎えたから、武士なども好んで湯女風呂に通ったのであり、『色音論』（寛永二十年）は、

江戸の湯女は、勤番武士によって流行し、外濠を取まく風呂屋の続出を見、ことに道三橋附近、鎌倉河岸に全盛した。

といっている。しかし『続武家閑談』に記録が載っているといわれることだが、慶長五年（一六〇〇）伏見豊後橋の銭湯には、歴々の武士もよく出かけていたが、ここで武士の喧嘩があったため、それからは武士の銭湯通いが禁止されたともいう。『万客雑談記』にはまた、

市中の洗湯は侍の入湯いたすべき所にあらず、然れども当時極密にて入湯いたすなれど、元来忍びやかにいたすこと故、甚だ以て心痛なることでござる云々。

ともいい、これらは普通の銭湯か、それとも湯女風呂に対しても禁止されたものか詳らかでないけれども、それにしてもひそかに銭湯へ出かけた武士が少なくなかった。

温泉湯女

湯女について前記の『色音論』はまた、

湯女はもと諸国の温泉にありしがもとなるべし。

ともいう。諸国の温泉宿にあった「湯女」にまねて江戸の湯女風呂が始まったのであろうとの意味なのである。いってみれば温泉の湯女がもとであって、江戸の湯女風呂の女共は「町湯女」だったというわけで

ある。

古い時代の湯女風俗は『有馬温泉記』に次のような文意で記されているのがある。

昔の湯女は白衣紅袴の装束をつけ、歯を染め眉を描きて、恰も上臈の如き姿をなし、専ら高位公卿の澡浴せらるる前後、休憩の折に当り、座に侍りて或は碁を囲み、或は琴を弾き、または和歌を詠じ、今様をうたいなどして、つれづれを慰むるを以てわざとせり。

とて、まったく当時の遊女と変わらぬ有様だった。そこで平安朝時代から高位の公卿などの遊び場所だった橋本、江口、神崎、室など港辺に栄えた遊女の宿も、この湯女が起こってからその方に客足を奪われ衰微したという。かくてこの湯女は、足利時代の中期にはもっとも全盛をきわめたが、それから徳川時代の元禄頃まではそうした湯女の古風が残っていたと、宮武外骨著の『売春婦異名集』には見えている。有馬温泉の由来と湯女の起源には、前述「石風呂・釜風呂」の項に見るように接待女だったといえる。かの加賀の山中、山代温泉では以前湯女の異名を「獅子」といい、『山中節』の文句にも「鉄砲かついで来た山中で、ししも撃たずに帰るのか」というのがあり、湯女がそういって客を引き留めたのである。ここの湯女の起源については、戦国時代、戦に敗れ主を失った落武者達がこの地方にたどりつき、ひそかに隠れ住んでいたけれども、生計に窮して遂にその妻女や娘が、俗にいう一反風呂敷の浅黄地を、かつぎのように頭から冠り、街に出で浴客の袖を引き売色した。その姿があたかも獅子舞の様子に似ているので獅子と異名したという。これが当地における湯女の始まりであるといい伝えられている。

近代には、そうした湯女が温泉宿の女中に替わったが、この地には特殊な風習が行われていると書いてる書物がある。それによると、ここに湯治客としてしばらく滞在している客で、交渉によっては女中のうちから専属の女中を契約することができた。するとその女中は、その日から客と同様に他の女中に仕事を命じて使うことが許されていたし、他の女中もそれを認めて互によく勤めたという。そして専属女中は以来客と同じ部屋にいて客の身のまわりの世話いっさいを受け持ち、衣類の洗濯やつくろいなどだけでなく、酒席の相手から女房の代用まで果たしてくれたというのである。

松川二郎著の『全国花街めぐり』には、山中温泉の獅子は明治、大正にはこの女中に替わったが、その後は独立して芸者となったといっている。

とにかく、前にも記したように『洗湯手引草』には寛永の初め頃、弥宜町（よし町）に湯女風呂があったといい、『洞房語園』にはふきや町の泉風呂に遊女がいたといい、承応の頃には丹前風呂の湯女が評判となっていたように、江戸の湯女に「大湯女」「小湯女」の別ができ、売女化したのは『歴世女装考』がいっている寛永十年（一六三三）頃からだった。

江戸では明暦の湯女検挙以後、この女共が「茶立女」の名で同じような売色稼業をしていたことがあるが、上方ではその後も永く湯女が流行していた。そしてたびたびの検挙取締りでさまざまに姿形を変えたから、「風呂屋者」「呂衆」などの別称で呼ばれたのもある。

大坂では幕末まで「湯女風呂」の人気が衰えず繁昌を続けたが、他の茶屋と違って湯女は三人以上置くことを許されなかったから、それでは折角客があっても応じきれず、稼業が成り立たなかった。そこでついに揚屋茶屋稼業に転向してしまったのがある。だが風呂屋号だけはあきらめきれずに、看板には何々風呂との名を掲げていた（『守貞謾稿』『日本遊里史』）。

丹前風呂

江戸で著名な湯女風呂に「丹前風呂」というのがあった。西神田雉子町通り、堀丹後守の屋敷前にあったので丹前風呂と通称されたのである。正保の頃のことで、湯女勝山はこの丹前風呂紀伊国屋市兵衛方の抱え妓だった。勝山は、正保三年（一六四六）にここの湯女となったとあるが、『洞房語園』など勝山のことを書いている書物の記載によっては年代に多少の相異がある。

とにかく湯女勝山は、すこぶる美人で艶名を謳われ、彼女を目当に通う者も多かったけれども、いい寄る男の言葉は柳に風と受け流して誰に靡くとの様子も見えなかった。思うにいわゆる男勝りの才媛といった型の女であったらしい。そしてもの詣での折などには、玉ぶちの編笠に裏付の袴を着け、木刀の小太刀を腰にさして歩いたりしたという奇行があったが、態度容姿は堂々としていて、歴々の人前に出ても決して恥かしくないものだったという。

こうしたことから世に「丹前風呂」とて評判になり、芝居にも取入れられたが、後には白柄組の旗本奴などが出入して、伊達を好み「丹前風」との名が起こり、衣服の丹前もそれから出た名だともいわれている。堺町の狂言に丹前風を用いて、歩き方には丹前六方というのもできた。

しかし、寛永年間の女歌舞伎全盛、慶安元年の若衆狂いの禁令などから考えると、慶安の旗本奴や町奴の横行、また彼等が一面にはカブキ者と呼ばれたこと等、それらの風俗は単に丹前風呂に始まったわけではない。

カブキとの言葉は、かの出雲お国の女歌舞伎から、歌舞伎との字を当てているけれども、元来はカブクと

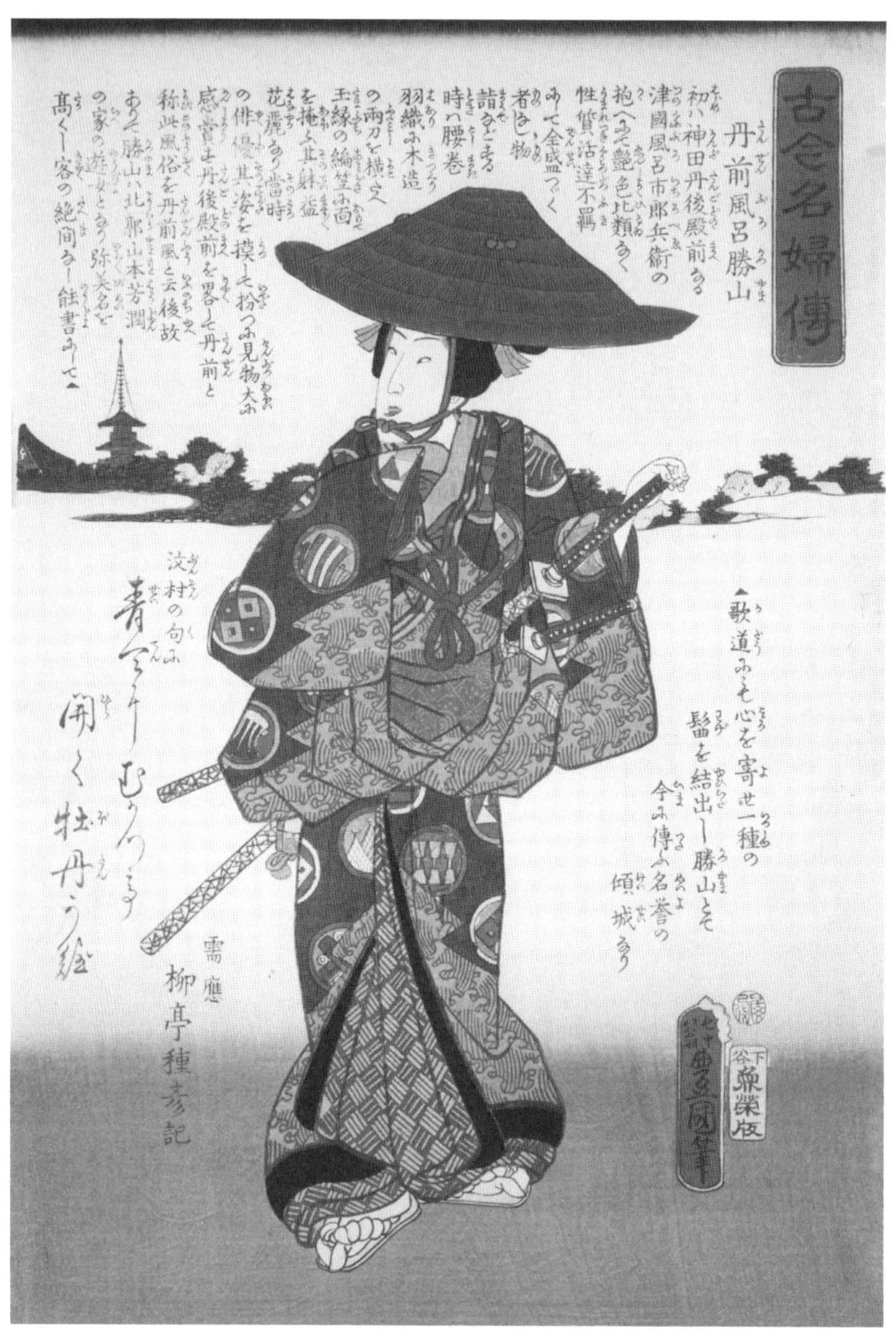

丹前風呂勝山（豊国画「古今名婦伝」より）

て異様な身なり振まいを指す言葉だったのであり、必ずしも華美豪奢に限らないが、人目を引く奇異の言動ある者を指してカブキ者と称したのである。女歌舞伎が当初大きな評判を集めたのも、その時代としては女だてらに思い切った艶技をやったり、男装や派手な容姿を見せたカブキ者だったからであろう。

勝山の吉原入り

湯女勝山の奇風も、そうした時代的な風潮の反映であったかも知れない。

明暦三年（一六五七）には市中の湯女風呂が、その遊女屋傾向の発展をきわめたことから、当局の大弾圧を受け今後の存立が危ぶまれるに至ったので、湯女勝山もこの年ついに吉原入りをなし、巴屋の太夫妓となった。勝山が勤めにでたのは吉原の山本芳潤の見世であったという書もあり、あるいは新町巴屋三郎左衛門の見世であるとの説もある。この両説に対しては『嬉遊笑覧』も山本助右衛門説を疑問視している。

とにかく勝山は、吉原の太夫となってからも——髪の結びよう黒き髪を白き元結にて片曲の伊達結び、勝山風とて今にすたらず（『洞房語園』）など、勝山髷、その他履物の新流行をつくったり、さまざまな逸話が伝えられ、太夫としても大いに名声を高めたという。

丹前の湯女風呂（英一蝶画）

大坂の額風呂

遊里と浴場

浴場と娼婦

遊里と浴場のことでは「妓楼風呂」「廓湯」などのことがあるが、その他に銭湯風俗が遊里に移入されたことについても述べる必要がある。一般でも入浴と享楽という点から、浴場に関連してそこに娼婦が発生することは、古今に例証が少なくない。

江戸では湯女を含む市中の隠売女が、もっとも大量に検挙されたのはまず明暦三年（一六五七）だった（このことは湯女風呂の条にも述べたが再掲する）。

明暦二年にはそれまでの元吉原遊廓が、浅草千束の日本堤の地にいよいよ新吉原として移転が決定した年だった。そして翌三年に移転再開されるはずであったところ、この年の正月十八日の江戸大火で、元吉原の廓も焼け、江戸帯中では焼死者十万余と称せられたほどの騒ぎとなった。

そんなことから、このさい市中の隠売女も一挙に掃蕩しようと考えたのであろう。今後は風呂屋に遊女を隠し置くを禁ずとの触を出すと同時に、湯女六百余名を捕えて吉原送りとし、風呂屋二百軒を取潰しにした。

だがその後も湯女風呂は消滅しそうもなく、奉行所ではもし改めなければ、いっそ吉原入りをして遊女屋稼業となってはどうかと勧告した。この問題が結着して市中の娼家七十余軒と、娼婦五百十二人が吉原入りとなったのは、その後の寛文八年（一六六八）だった。

この間弾圧を受けた湯女風呂の連中は、なんとか再起を図ろうとして、茶屋構の見世に替え、「茶立女」との名目で女を抱えていた。

この茶立女というのも売女の一種で、上方にも存在し、しばしば取締りを受けている。松川二郎著の『全国花街めぐり』には、延宝二年（一六七四）京都柳下町に茶屋はたご屋ができ、茶立女の名目で一種の遊女を置いたのが、のちの京都先斗町の起源だったと記している。しかし江戸ではそれより以前に「茶立女」の名があり、寛文五年頃から問題となっていたもので、寛文八年に吉原入りとなったのである。

散茶女郎

このことがあってから、吉原には新しく「散茶女郎」の妓品階級を加えることとなったが、散茶女郎は湯女が女郎に転じたものだったのである。

散茶というのは挽き茶のことであるが、湯女にもまたこの異名があったとの説があり、『洞房語園』には妓有（牛太郎のこと）についていってるところで「ギウは散茶より起りし名なり」とある。

女郎の散茶はふらずに出るとの意から、客選びをせずに誰でも相手になる安値女郎の名となったのである。しかし、この女郎が吉原に現われたのは寛文八年に風呂屋が吉原入りをしてからだった。

そしてこの散茶女郎のいる店を「散茶見世」といい、その造りも「散茶造り」とて局見世を広く構え、風呂屋造りの格子見世にしたものだった。これらもみな湯女風呂風俗の吉原移入だったのである。

もっとも顕著な風俗では、客引男の「牛太郎」が見世先に座したいわゆる「牛台」は、これは風呂屋の番台のなごりといわれている。客引男の「牛」との名は、もと「妓有」（ぎう）とも書き、あるいは「妓夫」と

温泉錦絵（周延画「伊香保温泉繁栄之図」より）

も書いた。

『洞房語園』はこれについて、

承応の頃、ふきや町に泉風呂の弥兵衛という者ありしが、かの家に久助とて年久しく召使いし男ありて、風呂屋の遊女を引まわし客を扱いけり。この久助煙草を好みしが、他人に紛れぬようにとて紫竹の太きを長さ七、八寸に切り、吸口火皿をつけ、この長き煙管を常に放さず腰にさしていたり。そのうえ久助は生れつき背むしにて、丈は小さき男の煙管をさしている形を、その頃の若き者ども、かの久の字の形を見立て、久助が異名を及といいしより、かの風呂屋方へ遊びに行こうとてキウが所へ行かんなどと云われしより、自ら風呂屋の男の惣名となれり。板本にはギウを花に廻ると釈せし甚だ杜撰なり。当時ギウを妓有などと書くは好事の者のわるさなり。予が若かりし頃までも及と書けり。

という。この信憑性は保証の限りでないが、とにかく風呂屋の遊女にも「廻し方」が存在したこと、また古くから「ギウ」の称があったことがうかがえるのである。

また「妓夫」とも書かれ、近代では「牛太郎」ともいう。妓夫は妓の雇夫といった意であろう。しかしあるいはいわゆる妓の情夫で「悪足」とか「紐の男」が妓に稼がせるのもよくあるので、じつは客引男は亭主だったとの夫であるかも知れない。「夜鷹」の妓夫にはこれがあった。

牛は鼻にて引き廻すとの洒落で、花（祝儀）しだいで立働くといった意味からでた名だとの説もあるが、当初吉原通いの客は馬に乗って行き、その馬子が妓楼に案内した。だがその客が万一遊び過ぎて遊興費に不足をきたした場合には、案内した馬子も責任があるというわけで、再び客を馬に乗せ馬子が付添って、金銭の調達先まで受取りに行った。そこでこのときの付添人を「馬を引く」といい、または「付き馬」といったことは落語にもでてくる。

この案内馬子に対して、客の呼び込み男のことは「牛」に擬したのかも知れない。

とにかく牛台を設けて客引男の牛を座らせたことは、風呂屋の番台風俗から起こったものであった。

妓楼風呂

慶長十七年（一六一二）片桐且元が兵庫の宿の者に与えた覚書によって、「傾城湯」とて遊廓専属の銭湯があったことを説くものがある。『日本遊里史』をみると、大坂には慶安年間、ひようたん町の通り筋に遊客のために湯屋を設け、傾城屋と兼業するものができて、入浴者に便宜を与えた。これを「廓湯と称え云々」、とある。この時代の湯屋としてどんなものであったか詳しいことはわからないが、遊女屋が兼業したものというから、廓専用の湯屋だったろう。『日本遊里史』はそれに関連して、いわゆる廓の「足洗井戸」のことでは、

むかしから遊廓は穢れの地と定めてあるので、身を引いて素人となるには足を洗う必要があるというところから、東西二ケ所に足洗いの井戸を設けた。東はひようたん町の東（今の新町橋東詰の東）に、西は同町西端の西（今の新町通四丁目）に各一ケ所の井戸を掘り、字を「井戸の辻」といい、その名を「花の井」と名付けて、身請された女郎は必ずこの井戸の清水で穢れた足を洗わなければ、常人となることの出来ない内規であった。

だが、のちには自然に足洗井戸が廃って廓湯がそれに代わった、とある。

吉原にも同じような慣習があって、のちには廓内にできた銭湯に行くようになっていた。江戸時代、まだ

銭湯や据風呂があまりひろまっていなかった頃には、女郎屋にも浴室の設けはなかったか知れないが、三馬の『浮世風呂』でなくとも、天保頃までの「入込湯」では、遊女町の銭湯には昼間から夕方ちかくまで、女郎の入浴者が多かったので、土地の若い衆はわざわざその時刻を狙って手拭をぶらさげ、銭湯に出掛けた。そして若い男が女郎の背中を流しながら、ふざけ散らしたともいう。

下も湯

だが女郎の「下も湯」の風俗は江戸時代の諸書に伝えられているから、そのための浴室とか洗い場はあったに違いない。近代ではどこの女郎屋にもやや広い浴室があり、ここでは女郎達の普通の入浴をしたのだったし、馴染の客の入浴もさせた。馴染客になると混み合わぬ時刻を見計って妓から誘っていっしょに入浴し、客の背中を洗ってやるようなことも、ことに上方では黙認されていたらしい。

妓楼では近代においても、この浴室に隣接してそこに「下も湯」場があった。浴槽はなく流し場だけで専用の小桶が備付けられてある。女郎屋における下も湯は重要なことだったのであり、避妊とか防毒洗滌のため以外にも、女郎の手練手管の一方法として行われた。つまり廻し女郎がつぎの客にそうした感じを与えないためだったし、さらには挾み紙なども用いたのである。

砂風呂

近代の別府海岸や四国の道後温泉にもあったという。別府では浴衣姿の客が出掛けると、業者の人がいて海岸の砂を少し掘って窪みを作ってくれるところへ、仰向けに寝ると、また上から砂をかけ、こんもりとした砂の中で温泉浴をするのである。

海岸では三尺も掘ると湯が流れ出したから、その砂に埋まると蒸風呂のようになったのである。これを「砂風呂」と称して別府名物になっていた。

東京では、大正の頃にも大森の「砂風呂」の名をよく耳にしたが、この砂風呂について記されているものはあまり見かけない。東京の砂風呂は茶屋だったのであり、庭に小座敷の離小屋がいくつもあって泊ることもできたという。座敷の奥にもうひと間小さい部屋があり、まるで押入のような一室、畳の代わりに砂があり、その上に茣座を敷き布団を延べるなどして寝るのである。床下がオンドルになっていて熱が砂を通して部屋の中を温めるといった仕組になっている。

連込み客などが来て利用したもので、当時としては変わった趣味のものだった。いわば待合茶屋のようなものだが、正式には何業になっているか知らない。昭和六年刊の『モダン語漫画辞典』には、東京市外大森辺の薬湯である云々、と見え、昭和の初め頃にも存在したらしい。

男湯・女湯と男女入込湯

男女入込湯

寛政二年（一七九〇）十二月、湯女風呂撲滅策の一還として、市中の湯屋の新規開業を許さないことにしたが、家のたてこんでいる町では二町を限り一軒、場末の町では両側町なら四町に一軒、片側町なら五町に

一軒の湯屋は許すとて、湯屋の許可制限を行ったのである。その際の触書にはなお、

新規女湯之儀も右同断。但し男女入込湯屋、女湯仕分之儀は別而正敷相成候に付、一町を限り可許候。

とも記されていて、ここにいう「男女入込湯屋」とは、一軒の湯屋で、ある定日は女湯、その他の日は男湯と、分けて開店したところであると思われる。町内の浴客数もまだ少なくて営業がそれほど盛んではなかったから、毎日開業するほどのことはなかった。それに当時の湯屋は一軒で浴槽、流し場が一つのものらしかった。だから日を定めて、ある日は女客だけを入れる女湯とし、また別の日は男湯だけとしていた湯屋があった。これを「男女入込湯屋」といったのだろう。そして日時によってこの男湯女湯の区別が正しく行われているものは許すとしていたのである。

男女入込禁止

しかしこのような状態は、実際上は崩れ易いもので、定めの日でなくとも客が少なければちょっと隅の方へ入れてもらいたいなど、湯屋によっては男女混浴が行われていたとも思われる。ところで、この翌年の寛政三年正月には寛政の改革で、にわかに男女入込湯禁止の令が出た。さらに享和三年（一八〇三）にも再度男女入込湯禁止の触れが出されている。

『宝暦現来集』には、

もっとも、この入込湯は毎日夕七ツ時より男女入込故、さてさて騒々しきこと。

とあり、公然のように入込銭湯をやっていたものもあった。商売女などは、ここで顔を会わせた馴染の男と人目もはばからずふざけちらしたり、風紀上よろしくないものがあったが、また一面ひそかにそうした刺激

を求めて出かけるものも少なくなかったらしいから、せまい浴槽、流し場に押しかける浴客を、湯屋も内心では歓迎していたかも知れない。

大衆の町の銭湯でこうした入込湯の流行したのも珍しいが、ここに注意されることは前記文献にあるように、この入込湯は夕方七ツ時以後からだったことである。江戸後期の湯女風呂もそうであったように、暮七ツ時といえば、昼間の普通の銭湯は閉店後である。

湯屋風呂屋、明け六つ時より暮六つ時までにて焚仕舞可申候事。

との営業時間規定は、承応二年一六五三）以来変りなかったのだから、七ツ時からの営業は、違反営業というべきだった。入込湯で二枚看板の別種のものだとしたところで、湯女風呂とは違って入浴扱いなのだから、湯屋営業でないとはいえない点など、どうなっていたのか当然禁止さるべき類のものだったであろう。

薬　湯

文化三年（一八〇六）の江戸大火では、江戸市中の湯屋の大半が焼失し、庶民は入浴に困難をきたした。しかしこのときにも、その復興に当り従来の銭湯開業の制限令が却っていっそう湯屋の再建を妨げることとなったのだが、このとき芝に初めて「薬湯」が起こり、これは組合以外だというので料金も高く定めて、一と儲けしようと企てたのであろうが、それよりもなお薬湯とは表面上の名目で、じつはかつての男女入込湯が目的だったことが知れ、ついに間もなく禁止されてしまった（「入浴と裸体」参照）。

男湯と女湯

江戸の初期、ようやく銭湯が諸所に現われた頃は、浴客も男が主で女は銭湯にはやって来なかった。おそらくは自家で行水程度の入浴を行っていた風習が一般だったという。しかも自家に風呂を設けているのは、きわめて稀だった。それに、慶安、承応の頃には、男女とも風呂に入るとき褌をして入浴した、とは『洗湯手引草』その他の古書にも見え、『骨董集』には同じ頃銭湯に行く者はみなそこで髪を洗い、帰りには散らし髪、草履ばきの姿で歩いていたと記している。

そのように当時の銭湯は、まだ蒸風呂のものか「ざくろ風呂」の形態だったから、銭湯はあっても入浴風俗には馴染めないものが多かったのであろう。

薄暗くて狭い浴場に、木製の浴槽が一つというすこぶるお粗末なものだったらしいが、それらの浴場構造について詳しく具体的に書いている書物はあまり見当らない。その後宝暦以後には世相もだいぶ変わり、庶民文化も漸次発展して、町の銭湯も盛んになった。そこでこの間市中の銭湯取締りについては、しばしばいろいろな触れが出されていたのだが、もっとも手数をかけていたのは「湯女風呂」の流行ということだった。風呂屋に妓を抱えておいて客をとり遊ばせ、一種の私娼家化したためで、これらの蔓延は風俗上よろしくなかったばかりか、一方では幕府公認の吉原遊廓がそのために衰微するというので、幕府本来の方針である廓以外市中の隠売女は許さない、との明文に基づく取締りを厳守するよう、廓の遊女屋からのつきあげもあって、ぜひ取締らねばならなかったのである。

寛政元年（一七八九）には、天明七年（一七八七）の節倹令に次ぐ諸事の奢侈を禁ずる令が出されたのであ

外国人が描いた幕末の銭湯 二種（『ペリー日本遠征記』より）

るが、翌二年にはまた湯女風呂撲滅の一手段として、湯屋の新規開業を不許可とした。湯女風呂営業のために湯屋を取潰し処分にしても、また名儀を替えて新規開業するので取締りの実効がなかったからである。『洗湯手引草』の記すところによると、寛政二年十二月の触書で新規開業は許可しない方針とし、家の立込んでいる町では二町を限り一軒、場末の所では両側町なら四町に一軒、片側町なら五町に一軒を限り湯屋世業が許され、

「新規女湯之儀も右同断。但男女入込之湯屋、女湯仕分之儀は別而正敷相成候儀に付、一町を限り可許申」。

とある。

女客専門湯屋

こうした地域的湯屋営業の割当ては、およその住民需要を考え、また浴客数からの営業が成りたっていく点をも考えての制限であった。それにしても前記文面から見れば、この頃の湯屋には「女湯」とて、女客専門の湯屋があったことである。このことは浮世絵などにも見られるし、文化七年（一八一〇）の「湯屋十組」制定の中にも、女湯一ト風呂といっているのがある。それから「男女入込湯」というのも許しているが、これは土地の状況によって女湯だけでは客が少なくて経営が成りたたない。そこで一軒の湯屋が日を定めてその日は男湯だけをやり、また他の目には女湯だけとなる。「女湯仕分之儀云々」とあるのはこのことで、この種の湯屋を男女入込之湯と称したと思われる。

ところがさらに寛政三年（一七九一）正月には、寛政改革でついにこの「男女入込湯」も断固禁止されてしまったのである。入込湯のことは別項にも掲げてあるが、この中には仕分け営業でなくまったく男女混浴

の銭湯があったからである。それも結局は、一軒の湯屋に浴槽が一つしかなく、しかも薄暗い流し場の狭い構造だからでもあった。

「男湯」と「女湯」ということも、いってみれば前記のように以前から男だけの湯屋、女だけの湯屋があったわけだけれども、今日いうそれは一軒の湯屋が左右に分けた男湯と女湯との形態をなしたのは、この寛政の入込湯禁止以後ということになる。

♨男湯・女湯の構造

それでも一つの浴槽の水面だけに仕切りの板をつけて、入浴だけを左右に分けたことから、やがて境に羽目板を設け目隠し程度となり、さらにそれが流し場から脱衣場まで仕切り、入口も別にするように追々と変遷したのである。

大正の頃にも山陰の田舎の銭湯では古い湯屋が残っていて、入口は左右別だがそこを入るとすぐに番台があって、上ったところの脱衣場の仕切りは、板の間の半分から先ぐらいしかなく、流し場は見えないとしても、脱衣場では女客の姿も男客の姿も互いに見ることができたのである。そして流し場の境は、目隠し程度の低い板塀で、それも諸所が破れたままになっていた。

昭和十年（一九三五）頃、広島県下のある町の銭湯では古くからある温泉の銭湯で湯舟には常に湯があふれて良い湯屋だったが、脱衣場から流し場に行くすぐ境に溝があり、男湯と女湯の境界の羽目板は、そこから奥に延びているのだが、下の方の板は破れていた。入浴する女客はまずここの溝のところで羽目板に向って「かかり湯」をする。だから場合によっては男湯の客から下半身が丸見えになることもある。また羽目板の中央部が三尺の扉になっていて、男湯から女湯への通路となり、男湯の客が子どもや使い終った石鹸箱を女湯に来ている女房に手渡すために、そこから入って来たりしていたのである。

昔の銭湯で一軒の湯屋に男湯と女湯とが並んでいたものでは、入口の障子戸に男湯、女湯と大きく書き、のれんをくぐった先が上り口になっていたが、表は入口以外のところが窓で、格子戸がはまっている。だがこの格子は、男湯の方は荒く、女湯の方は細かい格子になっていたという。

戦後の昭和三十年（一九五五）近く、弘前市郊外の長勝寺前にある銭湯は、この地方の特色をもった建物で横にかなり長い家だが、男湯と女湯との入口は、その左右両端にだいぶ離れて設けられている。またここには二階があり、今は家族の住いになっているか知れないけれども、二階のある湯屋として珍らしい建物である。

入口とのれん、土間の下足場が時代によって内外に位置の変遷があった。また表から向かって左右どちらが女湯かとの風俗上の問題が話題になったこともあるが、これについて宮武外骨翁は、

左右いづれとも特にきまりはない。しかし敷地内の外側の通路に寄った方が女湯である。これは流し場で使う湯が流れる溝の下流に当り、女は不浄を流すから下流に定められたのであろう。

と説明しているのである、これらは主として銭湯について述べたのであるが、近代では温泉浴場、旅館の浴場、総合公衆浴場等さまざまの浴場が発達流行して、これらの区別もまちまちになった。

浮世風呂

浮世風呂

江戸には江戸独特の文化が発達し、ことに江戸時代後期にはようやく武家の存在価値が薄れ、かわって経済的に抬頭してきた町人時代へと移行していった。こうした世態を反映した現実的享楽的な世の中といった意味が浮世であり、「浮世風呂」とは同様にかかる世相を反映した銭湯というわけで、江戸における湯屋銭湯の異名なのである。

『柳亭記』に、

浮世というに二つあり、一つは憂き世の中、これはだれも知る如く歌にも詠みて古き詞なり。一つの浮世は今様という意に通えり。浮世絵は今様絵なり云々。

とあり、今様とは、現代風といった意味なのである。以前の憂き世には、仏教的な厭世観から、ままならぬ世の中とのあきらめの意味があったが、やがてそれから一転して、どうせままならぬ世ならば、いっそおもしろおかしく暮したがよい、との刹那的、現実的、頽廃的、享楽的な思想に変わって、この「浮世」となった。

浮世との名は、すでに寛文元年（一六六一）の『浮世物語』の書名にも現われているし、文学上の「浮世草子」は延宝の末（一六八〇）に出現、天和二年（一六八二）版の西鶴作『好色一代男』がその鼻祖といわれ、「浮世絵」は寛文十一年（一六七一）師宣の創始とされている。この西鶴本は、当代の世態風俗を描いている

『諢話浮世風呂 前編上』挿画（国立国語研究所蔵）

小説だが、これらの中における享楽の意味には、多分に肉欲的快楽の追求が含まれているところから、また「好色本」ともいわれた。

銭湯の「浮世風呂」も、このような新しい時代風潮を反映した庶民浴場との意から称せられた通称だった。江戸の後期には〝男は遊里　女は芝居〟とて、遊里は江戸庶民唯一の趣味の社交場だったし、また歓楽郷でもあったのだが、一面にはここが庶民文化の発祥地だとさえもいわれていたように、町の銭湯もまた町人文化に大きな関連をもった場所だったのである。

滑稽本『浮世風呂』

式亭三馬作の滑稽本『浮世風呂』は、四編九冊もので、前編二冊は文化六年（一八〇九）正月の刊、二編二冊は文化七年、三編二冊は文化九年、四編三冊は文化十年に出た評判の読みものだった。近代活字本でも各種の刊本があるから、その全文を見ることができるが、前編は男湯、二編は女湯、三編は女湯追補、四編は男湯の続きとなっている。

そしてこれらは、そこに出入する庶民の生活風俗を描いているのだが、銭湯を舞台にして人々の会話を通じてさまざまな情景を物語らせたり、各種風俗を述べているのである。職種階層や多くの場面での生活風俗がじつに細かく描かれている。

「江戸ッ子だってね」「神田の生れよ」「そうか、さあ食いねェ、寿司食いねェ」とは、虎造浪曲で有名な台詞だが、口の悪いわりに単純で、特殊な人情と侠気をもった江戸ッ子には、それだけの社会環境とか、時代世相の背景があったわけで、各々の職種、階級、身分によって、家の構えにも規制があり、身装にも分相

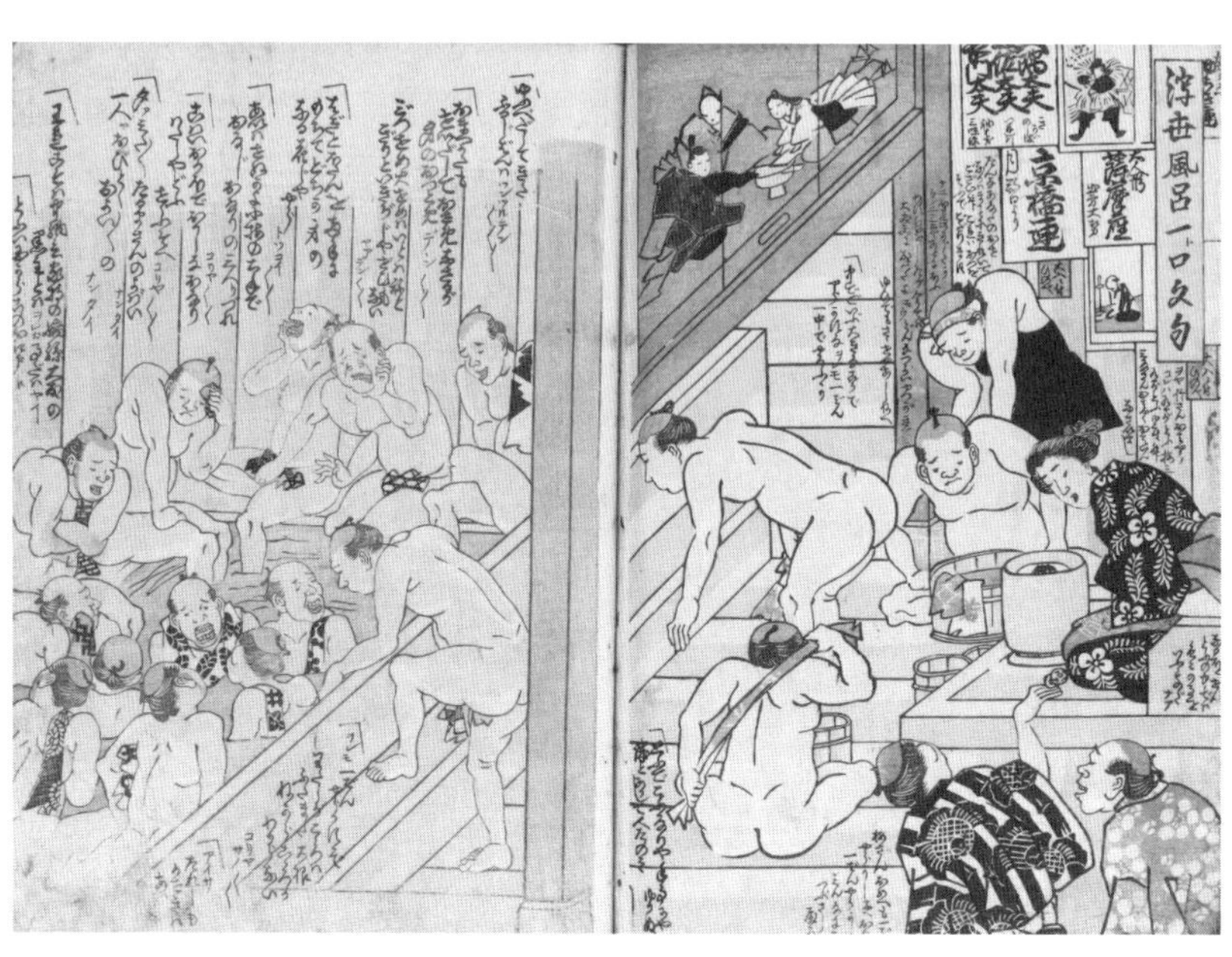

「浮世風呂一ト口文句」（東京都立図書館アーカイブ）

応の慣習があったので、その容姿服装を見ただけで、その者が何職のどの程度の身分の者であるかがわかったという。またそうすることが彼ら自身も誇りと考えていたのである。ひとをあざけり戒める言葉に〝ざまを見ろ〟と称せられたのも、このことをいったもので、分不相応なことに対する反省を指摘した言葉だったのである。

金さえ出せばどんな姿をしようと自由だとばかり、柄にもない容姿態度をしても誰も何ともいわない現代とは大きな違いだったのである。

風俗の変容

この「浮世風呂」など呼ばれるようになった過程において、江戸の銭湯には「男女入込湯」の風俗が起こったが、寛政三年（一七九一）に禁止されたことはすでに別項で述べた通りで、「男湯」「女湯」の区別が確立されたのは、その後のことだった。しかし、一軒の湯屋で一と風呂の浴槽に板の仕切をしたが、流し場は共同であったくらいにまで変わったのも文政以後のことだった。

芸者や妾が〝日髪、日風呂〟といえば、贅沢な身分を意味する言葉となり、あるいはまたそれほど洒落た意味にもなるが、これも文政頃の流行である。むかし女の髪は、ほとんど自分で結っていたものであるし、日中から風呂に入るなどは女としては贅沢な身分とされたのである。

そういえば、芸者が銭湯帰りに「襟白粉」姿で往来を歩いたのも文政時代の風俗だったという。これが目立って魅力的だったからである。白粉の厚化粧は、元禄時代に京都風をまねて始まったことで、江戸の町芸者も化政度には、化粧の美しさというよりも素肌の素地にみがきをかけて、艶のある若さの美をいっそう好む傾向となり、天保以後には一般に薄化粧が流行した。

だから「浮世風呂」にも、これらの風俗が以前の銭湯とは違ってうかがわれたはずである。

二階風呂

銭湯の「二階風呂」というのが天保の末から嘉永年間にかけて一時流行した。これは昔に繁昌した湯女風呂の再現だったともいわれる新しい形態のものだった。

湯屋の二階を浴客の娯楽所としたことも、かつての湯女風呂風俗に倣ったものと思われるけれども、湯屋の二階は、すでに寛政の頃からあったといわれ、江戸後期の町人文化の発展と共に、町の湯屋銭湯の二階は、町内の常連の倶楽部のようになっていて、毎日ここに集っては世間話に花を咲かせ、世態情報のニュース源となっていたのである。

だが後年の「二階風呂」は、それとはやや趣を異にするもので、長い間庶民の人気を続けてきた「湯女風

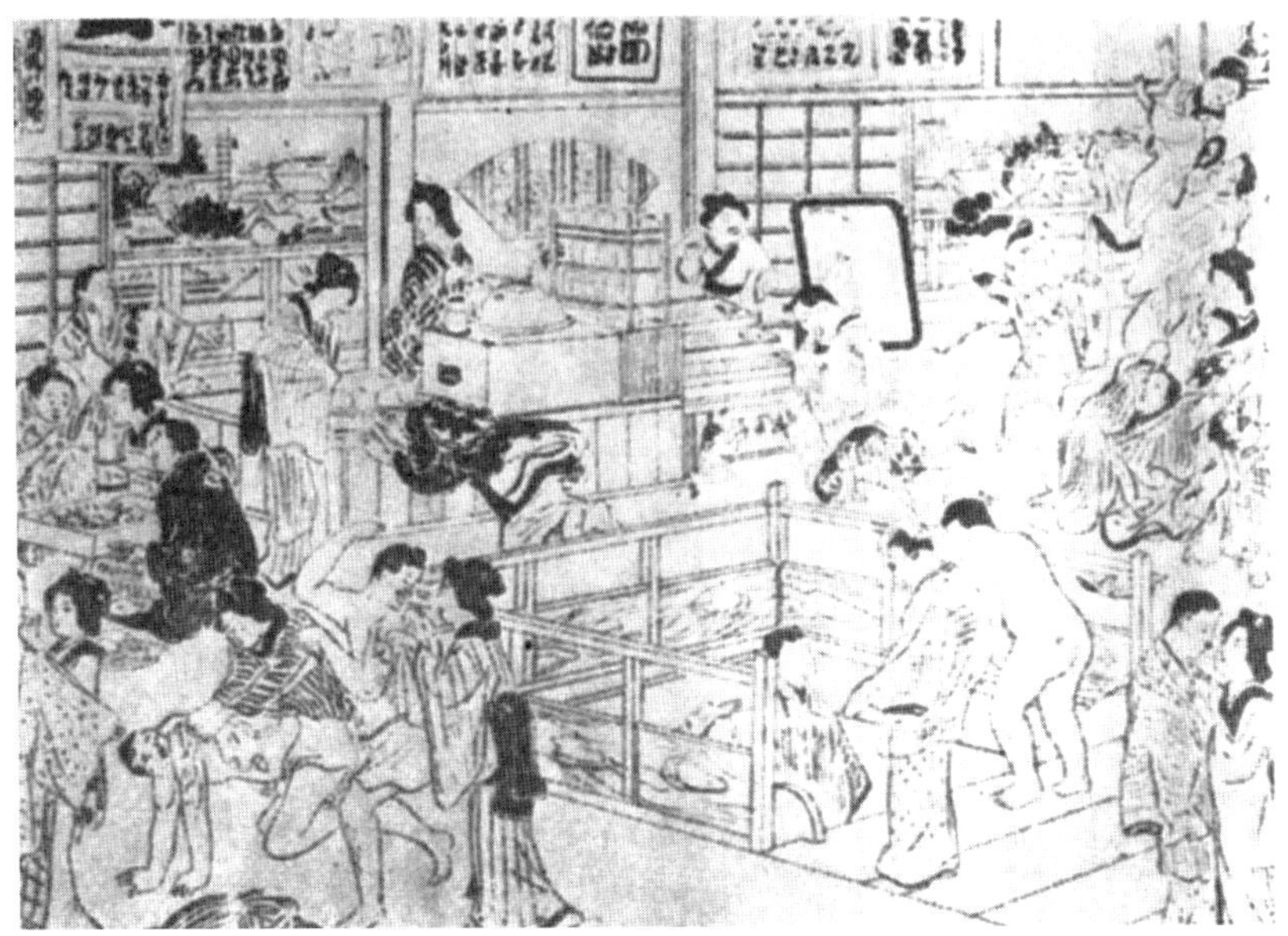

二階風呂（明治初年頃）

二階風呂（『江戸府内絵本風俗往来』より）

呂」も、天保の改革でいよいよ姿を消すことになったため、それに替わって客を引き、ひと繁昌を企図したのがこの二階風呂だったといえないこともない。

江戸初期の湯女風呂は、それでも茶屋式のもので銭湯としては独特のものだったけれども、元禄十六年以後の湯女風呂は、湯屋銭湯が夜だけこれになり、まったくの娼家化したのであった。そしてこれは湯女といっても特別遊芸ができる女というわけではなし、酒の相手をする芸者というのでもなく、ただ銭湯の雇い女を湯女と呼び売色させたに過ぎなかった。

それに比べるとこの二階風呂の女中は、さすがに風呂屋では直接客をとって売色はしなかった。二階を倶楽部風にして常連の浴客が、浴後に客同士で碁、将棋などを楽しみ、あるいは雑談を交し、また女中相手の冗談をいい合って慰めとしたのである。しかし客の方では女中目当に通って来る者もあり、たとえ情事に発展したとしても、女中と約束して他の場所で遊んだのだった。

とにかく、江戸の銭湯もこの頃ではすでに、「浮世風呂」との名があったくらいで、こうした集会や娯楽のできる銭湯の存在がたしかに要求されていたのである。

二階の構造

嘉永年間の見聞を記した『江戸府内絵本風俗往来』には、その頃の二階風呂について次のように述べている。

二階風呂は山の手の湯屋に限ってあったもので、下町にはなかった。銭湯に二階座敷がついていて自由にここで休息できたのである。しかしこの二階も男湯だけで女湯にはない。

男湯の番台のところから二階へ通ずる階段があり、脱衣場の境界の羽目に沿って上るので、女湯からは見えない。馴染客は来るとすぐこの階段を上って、二階の脱衣箱に着物をぬいで入れ、手拭を下げ階下の浴槽に入浴し、浴後はまた二階へ上って休息するといった具合だった。

二階には接待用の茶湯が備えられていて、二階番の女が茶を汲んで出した。その他に茶菓子などの売店があり、ここにも女の売子がいる。また碁将棋の備付があり、客同士で楽しみ合い、あるいは談笑に時を過ごしたり、女共を相手にふざける客もいたのだった。『皇都午睡』の中にも嘉永三年（一八五〇）頃の情景を伝えて、

高欄付二階より往来を見おろし、座敷には隔なく、碁将棋の席屋に似たり、中央に二階番頭、釜に素湯をたぎらせ、客の顔を見れば煎茶をこしらえ持ち来る。前に菓子羊羹すしなど重に入れあり、鏡、櫛、爪取鋏など傍に置けり。贅沢者はずっと入りて二階へ行き、二階に着物脱ぎ入れる戸棚あり、これへ脱ぎ、湯代と手拭をもち、梯子を下りて銭を置き、入湯して二階上り、ゆるゆるとむくろを乾すうちに、茶を持ち来る。菓子を喰い爪など取って着物をきる。近辺の若者、勤番の侍衆などは、この二階にて遊び碁将棋の連れありて温泉湯治に遊ぶが如し。

と見える。

この二階の休息所が男湯の方にだけあったというのも妙だが、この二階座敷の一隅には引窓にこたつ櫓を置いたような窓のあるのは、絵にもなっているが、ここから下を覗くとちょうどそこは女湯の流し場になっていたとの話を聞いたことがある。何の必要があって二階風呂にそうした窓が設けられていたのか、説明はない。

この「二階風呂」は明治十五年（一八八二）頃まで存在し、明治十八年頃から盛んになった矢場女、銘酒

屋女に転じたといわれるから、二階風呂の女も終り頃には相当売女としても発展していたようである。明治時代になってからの二階風呂の様子は『風俗画報』に載った記事があり、それによると、

〔構造〕表間口六間以上八九間、男女入口を異にす。窓も入口も格子戸を立つ、入口を入ると内は踏ぬきの土間、浴槽流し場までは板敷き、二階へ登る梯子は男湯女湯の境にあるが、女湯から二階へは上がれない。

〔番台〕梯子段の下は羽目板にて男女湯双方から見えぬようになっていて、梯子段の前に番台がある。そのかたわらに下駄棚があり、反対側に脱衣入れの棚箱があり、あるいはその上には脱衣篭が積まれている。この形態は女湯も同じである。

〔二階番〕二階へ上ったところに番台に似た座があり、湯屋の主婦または娘、女中頭が控え、左右には台の上に菓子の箱が並び、前には茶釜、茶碗などの茶道具が置かれている。

〔茶汲女〕三四人から七八人の若い女が島田髷に結って艶情艶姿を装い、客の接待につくすのである。

〔浴客〕ここに来る客は常連で、倶楽部組織になっている。といっても普通の湯銭を出せばよいのだけれども、やはりなにかと費用がかかった。

美しくて愛想のよい女共に迎えられて、茶よ、煙草盆よといわれるうちに、浴衣に手拭、垢すり、石鹸類を女に持たせ風呂へ送られる。再び二階上れば桜湯やら渋茶を出されて、ちやほやされれば祝儀もやらねばならず、大人一人八厘の入浴料の十倍もかかるというわけだった。

「飲酒と賭ごと泊りは許されない銭湯では、女といっしょにどこかへしけ込むしかなかった。」といっている。

近代の銭湯

浴場の変革

徳川幕府が崩壊して明治維新となっても、街の銭湯はそうした政治的な変化で、別段影響を受けることはなさそうに思うけれども、新しい世代の変化とともに、浴場には不思議とまた大きな変革が起こったのである。

歴史的におよそ世代の転換期には、いつも浴場とか温泉などが特殊な流行をきたしている。そこで明治時代には、まず「温泉風呂」の流行が起こった。明治五年頃から十年頃にかけて、「改良風呂」とて流し場の天井を高くし、湯気抜きの窓を設けたりして、従来の銭湯にくらべるとずっと明るく作られ、温泉風に擬せられたのである。そして有馬温泉とか伊豆の七湯温泉など称せられたのであったが、じつは「取寄湯」ではなくて、湯の花などを用いた「薬湯」だったのであり、それが人々の時好に投じておおいに評判となり、所々に出現し始めたのである。

明治・大正の浴場

しかしこれらは、従来の銭湯組合の業者以外に行われたものだったから、やがてこれらの温泉風呂のうちには「明治の湯女風呂」化したものも少なくなかった。

この温泉の楼上は幾十の貸席となっていて、浴後ここに酒宴を張り、美女を侍す。そして居続けもできたからあたかも温泉旅館のようだったといい、浴客もただ入浴を求めるだけでなく、遊び場とした。

とこれらの情景は『東京繁昌記』（明治七年版）にも載っている。よって明治二十三年（一八九〇）にはついに組合の一般銭湯には、表に「白湯」の札を掲げさせて、温泉風呂、薬湯と区別した。

江戸時代にも大火後などには「薬湯」がしばしば出現したことは前にも述べたが、これらは「湯治湯」ということで銭湯組合以外に起こり、特殊浴場の意味で入浴料は銭湯規定に拠らず、かつ内容的には「入込湯」となったりした。

これと同様な傾向が明治時代にも繰返し現われたのである。そこで明治五年には再び東京府令に「男女入込洗湯不相成事」となって現われ、改めて禁止された。また明治十二年には銭湯設備も追々改良される折柄とあって「ざくろ風呂」の禁止令もでているが、文政五年の禁止以来まだそうした銭湯が残っていたわけである。

市中銭湯の増加

とにかく、明治初年には市中の銭湯は急激に増加して、以前の三倍の数にもなったといわれている。やはりそれだけ世相変化のあわただしさがうかがえるのであり、営業許可とか仲間組合の統制の混乱に乗じて、湯屋稼業を開始したものが続出したことになる。しかしこれにはまた理由があった。というのは、明治維新で市中が一時騒然となった折、江戸を立退いた人々もあったし、武家は幕府の崩壊とともに将軍に従って駿参の地に移った者もあり、あるいは主を失って浪々の身となったもの、多くの召使が解雇されて庶民生活に入った者もある。かくて自家に入浴設備を持たず、銭湯の利用者が増したのも事実だった。またこの頃江戸には武家で江戸を離れた者の家屋敷の売物や、取こわし家屋がおびただしくなって、木材、古木が捨て値のように安く入手できたことも、湯屋営業を簡易にした原因となっている。

そんなことから、一般街の銭湯の営業も盛んになり、それに加えて改良風呂への機運も起こり、銭湯経営はさまざまな面から勃興したのだった。

明治十四年（一八八一）には明治の「二階風呂」（女中湯）がおおいに繁昌し、ここにも銭湯の娼家化が生じた（「二階風呂」の条参照）ので、翌十五年きびしい取締りによってようやく姿を消した。

かくして明治十八年には「湯屋取締令」というのがでて、湯屋営業に対する総括的な要件が示され、正文化されたので、それから以後の銭湯はすべてこれによって取締られることとなった。だが概観すれば、明治の銭湯はその構造にしろ、入浴風俗にしろ、まだきわめて旧態依然といった感が深く、浴場内部はすべて板仕切り、浴槽も木造のやや大きい長方形の湯舟、流し場も板敷だった。このような銭湯は大正の初めまで続いていたし、まだ電灯のなかった頃はランプを吊して夜間営業をしていた。

大正の初め頃、沼津の町外れにあった銭湯は間口二間ほどの男湯を入ると、三尺の土間に下足をぬぎ、その右手が番台、脱衣場の板の間は八畳敷で、女湯との境界と思われる片側に脱衣棚があり、竹籠も置いてあった。そして入口に並んだ一間ばかりと、棚の反対側の一間半ばかりがガラス戸、床には莫蓙が敷かれていて、ここで浴後の休息ができる。珍らしいことはこのガラス戸の端の鴨居上に、大きな扇面の額のようなのが掲げられていて、上の方から長い綱が下がっていた。湯上の裸でこの下に立って綱を引くと、扇面が前にかがみ、放すと戻る。つまり大きな扇で煽ぐ形となって涼をとるわけなのである。

さてこの板の間から堺のガラス戸を開けて入ったところが、やはり八畳敷ほどの洗い場、正面に横二間足らずの木造の浴槽があり、この室には窓も天井の明り取りもない薄暗いものだった。だいぶ古い建物であるらしかった。

モダン風呂

銭湯の洗い場や女湯との境がタイル張りとなったのは大正十年（一九二一）頃からである。そして浴槽がやはりタイル張りで温泉風の丸形のものが現われたり、長方形でもやや洗い場の前方に出て、浴槽の周囲が歩けるものができた。さらに昭和二年には「上り湯」湯槽の使用上の清潔が叫ばれた結果、蛇口から小桶に汲むカラン制となり、いわゆる「モダン風呂」の銭湯が出現するに至ったのである。

その頃浅草田原町のしら湯では、コンクリート二階建の銭湯ができ、一階は男湯、二階は女湯としたという。都会地の敷地難ということもあってついに立体的な利用が考え出されたわけであろうが、現代でも多くの一般銭湯は男湯、女湯ともに並んだ平屋建である。

戦時中の浴場

戦時中、ことにわが本土が敵機の空襲に見舞われるようになってからは、男はみな戦闘帽に国民服、腰にはその上からバンドをして、最少限の必需品を入れたズック袋を肩から腰に吊し、脚にはゲートルを巻かねば、街頭を歩いていても非国民のようにとがめられたものだった。そればかりか空襲があるたびに退避の防空壕に入らねばならなかったから、寝るときにもゲートルはほとんど離せなかったくらいである。

各都市の町がつぎつぎに焼土と化し、東京もしだいに焼野原が多くなっていった頃には、銃後のわれわれといえどももはや住居を離れることは許されなくなり、好むと好まないとにかかわらず、都市要員ということで空襲下の市内に暮さねばならなかった。だから早く地方に疎開した人々は別として、残留者は昼夜の差別なく、着のみ着たままで過したわけである。

　このような状態で、その頃にはまったく入浴など考えられなかった。浴場も漸次焼失してどこの銭湯が残っているのかわからなかった。焼け残っていても燃料不足、人手不足で営業ができなかったし、むろん夜間は燈火管制で入浴はできない、入浴者の方も石鹸や手拭などの物資がもはや極度に窮屈になっていたことなどで、いつどこで開場されるかわからない昼間の銭湯にも、入浴は容易なことではなかった。だから公園の池で水浴したとの話や、ドラム罐の据風呂に入ったとの話も、聞いたけれども、よほど都合のよかった場合のことと思われる。そんなありさまで、いつしか虱に悩まされる者が多くなっていたのも事実である。

　焼け残った銭湯の営業は昼間の二、三時間、それも毎日ではなかった。表に本日何時から何時まで開店との張紙が出て、通りがかりの人もそれを見て入った。でなければ入浴できなかったのである。他の人々はおそらくは冷水摩擦か行水ぐらいだったろう。まったく山男然たる原始生活で耐乏の日が続いた。

戦後の浴場

　昭和二十年八月十五日、ついに戦争は終結した。だが、東京も広い範囲にわたって焼野原となっていた。そして戦時体制解除というので、ようやく空襲もなくなって街頭に不安なく出ることができたとはいうものの、さてこれからいったいどうなることか、なにをしたらよいか、市民は一時虚脱状態だったというのも過言ではない。防空壕から青空の下、太陽の光に浴してそう考えるものもあったろう、しかしなによりもその日その日の食糧の心配を各自身で工夫しなければならなかった。またある者は焼け残った家に住居を探し廻った。わずかに戦火を免れて残った家には、みな親類縁者とか特別な知人などが同居して、一室一世帯で一軒に数世帯がいっしょに住んでいるのが多かった。

だからこの頃にも住宅難問題が叫ばれたが、あれだけ多くの家屋が戦災で焼けたのだから、それは当然のことだったし、住宅といっても前記のようなあまりにも窮屈で、正常な生活とはいえないありさまだったのである。若い人々に限らず、老夫婦者にしても、このような雑然とした共同生活にはとかく気詰まりのことが多かった。

一軒で三室ぐらいの焼残りの家でも、やがて自分らは一室か二室に居室を制限して、「貸間」をする者が現われた。いままでは他人に部屋貸しをしたことのない人々も、このさい悠々と一軒家に寝起きしているのは世間態も悪く思われだしたのか、また一面には戦後の職業や生活の心細さからでもあったのだろう。

昭和二十一年には、こうした個人の貸間料金が急激に暴騰した。借り手が多かったというわけではない。たとえ貸間にしろ少しでも気兼のない住居に移りたいのは誰しも望んでいたところだろうが、なにしろ戦後には定まった職業を持つ者は少なかったし、経済的な事情もあったからである。それにもかかわらず料金の急騰したのは、この頃の街娼パンパンが、この貸間に目をつけ、料金は高くともよいからぜひ部屋を借りたいと押しかけたからだという。彼らはいちおうこれを私室として居住することができたし、いっぽうでは客を連れ込んでいつでも利用でき、ホテルよりも自由で稼ぎも増すというわけだった。

♨ 近郊温泉街

ところで、この頃から近郊近県の温泉地が漸次繁昌しだした。都会の住宅難にあえぐ人々が、気晴らしを兼ねて地方へ行けば、幾分でも満足な食物が食べられようと考えてのことだった。もちろん経済面に余裕のある人々に違いないが、ここにも温泉行が流行しだしたということは注目すべき現象なのである。

なぜに温泉の流行をきたしたか。およそ歴史的に、時代的に大きな変動があって、やがて新しい世代への転換期には、必ずといってよいほど浴場にも特殊な変化が起こっている。

これら各地の温泉街は、その後急激に発展して、観光地とされたり、歓楽街として豪華な建築、それぞれの施設をもうけて客の誘致を図った。かくて温泉旅館の盛行につれて都内の旅館も〝わざわざ遠方にでかけなくとも、居ながらにして温泉気分を満喫できる旅館〟との宣伝によって、種々入浴施設を工夫した都内の旅館が出現するに至ったのである。

昭和二十三年七月、新しい法律として成立した「公衆浴場法」と「温泉法」とが施行され、今後の浴場営業はすべてこの法律のいずれかによらねばならぬことになった。そして浴場取締りの面からは、新憲法および民主主義の上から、もっぱら公衆衛生の見地からのみ取締られることとなったのである。この公衆衛生の見地からのみの取締りというのは、われわれには耳馴れない言葉で、その意味を理解し難い表現なのだが、戦後アメリカ軍の占領政策による各種文書の中にしばしばでてくる言葉なのであって、同じ年の七月に施行された「旅館業法」その他に関して、昭和二十三年八月二日付の厚生次官通牒には次のようにいっている。

従来これらの営業に対する取締は、行政警察の一環として衛生、風紀、保安等の見地から実施せられて来たものであるが、警察制度の改革及び新憲法の趣旨に則り、営業の取締は一に公衆衛生の見地からのみこれを実施するように改められたこと云々。

とて、ことに風紀面の解釈や取締りが従来とは大分変ってきたのである。だからこうした事情を反映して、営業浴場の形態にも実際は変ったのが出現した。

♨娯楽温泉

たとえば、新憲法では職業の自由が認められているところから、浴場内に舞台を設けて、そこで素人のど自慢とか、民謡踊りなどのショーを行う新商売の「娯楽温泉」では、だからといってべつに公衆衛生に反するものでもないし、さりとて必ずしも温泉法の適用だけでは当てはまらない新形態なので、これらは「特殊浴場」ということで取扱われるようになった。

昭和三十年には、東京の亀戸温泉が評判になった。その頃百円と弁当を持って行けば、一日中何回でも温泉に入れて、二階の休憩所にはテーブルが並んでいるので、そこで弁当をつかうなり、ほかの客と雑談するなり自由だった。正面には舞台が設けられているので、入浴者各自が替わり合ってさまざまな余興を演じ、けっこう楽しめたというのである。これが「娯楽温泉」の始まりだとされたが、そのうちにたちまち都内には十七カ所もの同じような浴場が出現した。これらはまた「民謡温泉」などとも称せられ、正式には「特殊温泉」として認められていたのである。

昭和三十一年五月発行彰国社の『公衆浴場』には、江東区亀戸天神裏の「亀戸温泉」、江東区亀戸駅正面の「東京天然温泉」の各内部写真が掲げられて、どちらにも舞台付の大休憩所設備がある。またこの書の概

説には、特殊浴場に関して、

公衆浴場の一般的な諸施設に対して、最近はまた別に大広間や簡易舞台を配置し、マイクロホン、電蓄、テレビを備え、売店、食堂、喫茶室、大小の休憩室、マッサージ室、トルコ風呂などをも設備して、これを特殊浴場、お座敷浴場などと呼称するものが大都会の随所に出現し（中略）娯楽の殿堂を中心とした特殊公衆浴場の登場なのである。このような浴場は、明治の末葉にできた堺市大浜の塩湯、大阪天王寺のラヂューム温泉、宝塚温泉などがその先駆をなすものである。

といっている。温泉法による浴場は、温泉源から採入れた水または湯で、摂氏二十五度以上のものであること、そして規定の物質が含まれていることとなっている。

昼間温泉

昭和三十一年には東北の農村にも、農民相手の「昼間温泉」というのが出現した。二階に休憩所を設けて飲食もでき、娯楽興行も行われた「娯楽温泉」と同様な形態のものだが、農民の慰安と休養を目的とし、近隣の農家の人々が一日楽しく過せる設備だった。

それから十余年、今日では各地方とも経済成長で、わが国の農村住宅とも思えぬ建築ができ、日常生活も豪華な設備、電化製品が揃い、自家用車を持つ家も少なくないし、海外へも観光旅行にでかけるくらいになったのだから、農民温泉ももはや魅力を失ってしまったかも知れない。

街の銭湯にも建築構造が近代的な形態に変ったものがあるが、だいたいはたいした変りもない。「特殊浴場」は入浴趣味というよりも一種の娯楽場としての面を加味し、特殊料金で営業をすることを狙ったものだった。

特殊浴場と旅館

♨トルコ風呂

特殊浴場については前項にも述べたが、昭和二十六年四月、東京銀座六丁目に「東京温泉」というのが開設された。ビル建築の総合浴場で、各階別にさまざまな浴室があって、好みの入浴かできるというもの、ことにサウナ式「トルコ風呂」では、マッサージ嬢がいて、軽装姿で浴後のマッサージを扱っているので評判となったが、これから都内にトルコ風呂の流行をきたしたといわれている。

古くトルコに伝えられている風呂は、すこぶる豪華な蒸風呂であたかも宮殿のような立派な建物だったといわれ、浴室の内部はことごとく研ぎだされた大理石で敷きつめられていたし、中央に大きな噴水があり、その周囲に大理石の巾広いベンチが作られている。浴室は高温が保たれていて、浴客は一段高い大理石の台に横たわって蒸されるのであるが、それからマッサージされ、さらに芳香石鹸を身体に塗ってまた揉んでくれる。その後この浴室を出て別室の脱衣室に戻り、服を着かえて休憩、コーヒーやタバコを喫するという。このようにトルコ風呂は浴場の豪華のことと、蒸風呂に浴してマッサージが付くこと、ことに婦人風呂は社交的、娯楽的な場ともされていたのだった。

わが国ではトルコ風呂といえば蒸風呂の意味とされ、ローマ風呂といえば大浴槽の意味に解されているのだが、昭和三十四年頃都内に盛んになったトルコ風呂には、いずれもマッサージの若い女性のサービスによって流行した。そして一回四百円以上の入浴料とサービス代二百円を払っても、年配の旦那方などは肥満症の贅肉を減じるためとて出かけるのがだいぶあったが、最近では若い人々でも何回かは行って見なければとて、これを知らない者は少ないようだ。それというのも、この種のトルコ風呂のマッサージ女のうちには、チップの高によってスペシャル・サービスを行うのがあったからだという。真偽のほどは知らないが昭和四十年一月特別号の『世界のショー』誌には、各種のスペシャル・サービスのことが、特殊な呼称によって説明されている。

昭和四十年十月二十九日の「読売新聞」ではつぎのような記事が報道されている。

悪質トルコ風呂の粛正にのり出した警察庁は、現行公衆浴場法では営業取消などの処分もできず、また場所を制限することもできないため、取締の成果があがらないとして、二十八日厚生省に同法の改正を要請することを正式に決定した。同庁が八、九の両月行ったトルコ風呂全国一斉取締の結果、全国五百四十四店の二八％に当る百五十四店を、児童福祉法、売春防止法、風俗営業法などの違反で検挙した。

検挙された店に働いていた二十歳未満の女子は六百四十六人、うち二百十四人が十八歳未満、二十歳未満の女子をトルコ風呂で使う場合は風俗営業法違反で、十八歳夫満の場合は児童福祉法違反になる。しかもこれらの少女のうちの三八％が現在家出中のものだった。また検挙された店のうち四十三店でいかがわしいサービスをさせ、七十店で売春が行われていた云々。

とあり、このようにトルコ風呂の一部には浴場係の女が売春または売春類似行為をして、荒稼ぎをしているものがあった。そこで所在地の町とか、これから新規開業のものに反対する住民もあって、昭和四十年九月には、中野、立川地区で町民の反対運動が起こっている。業者側ではいかがわしい業態ではない経営を保つというが、従業員個人の行動にはそこまで世話はやききれないとの意向をもっているようで、要するに業者はそのへんの魅力によって客の多いことを狙いとする。だが危険な環境をつくること自体に問題がありそうだ。

♨温泉旅館

戦後の温泉地の繁昌、それが慰安から漸次享楽の方向に発展していったとき、都内の旅館も〝居ながらにして温泉気分を満喫できる〟と宣伝して、そうした施設を持つ旅館が続出したのだった。

戦時中の永い間の耐乏生活の反動として、戦後にはにわかに慰安や享楽の欲求が高まってきた。およそ大きな天災地変、あるいは戦争の後には必ず犯罪と性的享楽との、どちらかが相前後して起こる。そうした欲望風潮はやがて思想的にも変化をもたらすし、各種の風俗上にも社会現象として現われるのである。

温泉地の繁昌は、入浴慰安だけでなく、温泉旅館での多少とも満たされる待遇に期待してでかける人々によってのことだった。そこでこれらの温泉旅館では、まずそれぞれに特色のある入浴や浴室の設備を中心に、さまざまな工夫や豪華さをもって客の誘致を競うようになった。各室ごとにテレビ、電話、専用のトイレ、浴室といった設備ができたり、それらの配置がまたきわめて便利に考えられたりした。これがまた自然と特殊な利用者を誘致することにもなるのだった。

都内の旅館でいわれだした〝温泉気分〟とはこうした意味も含まれていた。というよりもそれを暗示したものだった。

戦後の「旅館営業法」は昭和二十三年（一九四八）七月十五日から施行された。旅館業を分けてホテル、旅館、下宿とし、その第二条でそれぞれの定義を掲げているが、名称はともかく宿泊制度や設備内容の基準によって区別されているのである。

だが一般人が戦後「ホテル」と通称しているのは、昭和二十五年頃には「連込み宿」の代名詞にさえなっていた。というのは戦後諸法令の改廃によって、従来のような旅館に対する臨検がなくなり、また旅館への投宿は契約によって宿泊する部屋は、私宅の延長と解釈されるようになった。したがって宿泊者の許諾なくしては何人も立入ることはできない。

そうしたことから旅館宿泊は情事にはすこぶる都合よくなったと考えられだして、連れ込み客が多くなったのであろう。売春婦でさえここを稼ぎの温床として利用したのが多く、取締りを困難にしている。

こうした点を狙ったわけではなくとも、利用者にはその狙いがあって、都内の旅館がおおいに流行したのである。戦後の一般住宅難の折にもかかわらず、宏壮な旅館があちこちに建築されていった。

♨温泉マーク

これらの事情もあって、いっぽうでは、〝都内で温泉気分が満喫できる〟ことを標榜して出現したのが、いわゆる「温泉マーク旅館」だった。そしてこれらが全盛をきわめたのは昭和二十七、八年頃であろう。

内容はまったく「連込み旅館」で、入浴は自由だといっても利用者はほとんどアベックだから、部屋へ案内してしまえば旅館の女中はほとんど客のところへは顔を出さない、すこぶる事務的な扱いで済んだ。

これらはいつしかいいあわせたようにネオンの看板に♨を目印としたので、温泉マーク旅館、あるいは逆さクラゲの名で呼ばれたのであるが、この旅館が流行し始めた当初、♨マークは由来地図面に温泉を示した記号なのであって、これを勝手に使うのはよろしくないとの世論が一時起こったが、このマークの商標権とか著作権とか占有権といったようなものが不明だったかして、話はたち消えになってしまったようである。とにかく、温泉旅館ではなく、温泉マーク旅館だった。ある者はこの種の旅館の続出に、東京都内にも温泉が出るところがあったかといまさらのように珍らしがったけれども、事実温泉の家も二、三はあったろうが、多くは沸し湯だった。

こうした旅館の広告には、その頃で入浴随時、閑静な離れ座敷あり、各室電話、トイレ付といったようなことで、御一人様一泊八百円、御二人様一泊千二百円など、アベック客歓迎を暗示するような広告だった。

浅草の盛り場近くに「観光旅館」と名のる旅館では、奥まった旅館の玄関に受付の窓があり、そこで投宿なり時間休憩なりの申込をすませると女中の案内で部屋へ通されるわけだが、入口に玄関の上り口があるのではなくて、そこから奥へ敷石のあるコンクリートの通路になっていて、左右に和室、洋室のいくつかの部屋が並んでいた。各室とも和室では粋な格子造りを入ると靴ぬぎがあって、それを上ったところが六畳間、その奥に三畳程の小部屋があり、寝室らしい。

女中がここへ案内すると、すぐに入浴するか食事の後にするかと尋ね、二度目に来たとき着替の浴衣を持参し、茶菓を運んで来る。

女中といっても事務員風の女で、扱いもすこぶる事務的である。そこで毎日の勤務を聞いてみると、たいていアベック客だから世話はいらない、部屋へ案内してしまえば後はかえって顔出ししないほうがよい。さまざまな場面も見せつけられるけれども、それさえ気にしなければ仕事は単純なものだという。

それにしても近頃の若い人達の図々しさには呆れる。アベックを部屋に案内してまだ食事のことも聞いていないし、着替も持って来ないうちに牛乳風呂はあるかと聞くので、今日はもう終りになったというと、普通の浴室はどこかというので教えた。それから着替を運んで来ると二人とも姿が見えない。食事のことも板前への注文都合があり困るので風呂場へ行ってみると、中から鍵がかかっていて話もできない。しかたなくそれから三十分待っても一時間経っても出て来ない。いったいなにしているのか、そんなにまであせらなくともよさそうに思う、などと話してくれた。

連込旅館

昭和二十九年（一九五四）、渋谷のある小学校では、いつの間にか周囲に旅館が密集してできてしまい、あたかも学校が取り囲まれた形になり、朝夕旅館に出入する人々の情景が、教育上にもよろしくないということで、ついに正門を閉鎖し子どもたちは裏門の通路から登校させることになった。これが問題になって町には環境浄化運動が起こったことがある。そしてついには法の改正となり、学校より五百メートル以内の地には旅館営業を許さないことになった。

これらの旅館もアベックをもっぱらとした連込旅館だったのである。

その頃ある青年が、学校を卒業して東京の会社に就職することになった。そのための面接で田舎から出て来たので、学友の家を訪問し、今夜はどこか旅館へ一泊したいが様子を知らないので、どこがよいだろうとたずねた。友人はS駅前にはいくらでも旅館があるらしいから、そこへ行けば泊まれるだろうと教えた。そこで彼の青年はその地に行って旅館を訪れたのであるが、案外に泊まれる家はなくて何軒も断われた。そしてようやくある家で応待に出て来た女中が、みな満員だが、上等の部屋でよければ一つ空いているというので、泊ることにした。

あとでまた学友と会ったとき、青年はあれからようやく旅館に泊まったが、風呂へ入ろうと思って廊下へ出ると会う者はみなアベックだし、夜はひと晩中なにか話し声が続いていたし、女の声がきこえたりして、僕らには刺激が強すぎるよ、よく眠れなかったし、あれで一泊千五百円は高すぎるな、と語ったとか。

この種の旅館はもっぱらアベック客が目あてなのだから、独り者はほとんど断られてしまう。理由は満員で部屋がないといえばよかった。アベック客はあまりこまごまとした女中の用事がいいつけられなかったし、二人でもひと部屋で済むのだから旅館としてもそれだけ有利に稼げるわけだった。彼の青年が泊まれたのは、上等の部屋といって高価にされたのであり、田舎青年で金もありそうだと見て泊め、特別な待遇もしないでその頃としては高い宿泊料をとったのである。こうなると旅館であっても旅行者は泊まれない旅館ということになる。

こうしたことから、前記の学校周辺の町に環境浄化運動が起こった結果、昭和三十一年には一部旅館組合の申し合わせではあったが、業者の自粛によってこんごは温泉マークの標榜を廃し、立看板そのほかの広告には旅館名、所在地、電話番号など以外はいっさい書かないということになった。そしてこの頃から「温泉マーク旅館」は姿を消したが、その後は単なる「アベック旅館」ということで続いた。

特殊入浴設備

一般の公衆浴場には幾多の制約があって、特殊な入浴設備もできないのだが、旅館の浴室は入浴営業というのではなく、旅館としての付属施設であり、利用者も不特定の公衆ではなく宿泊人だとの解釈なのである。そこで戦後の温泉街の流行から、都内にも温泉マーク旅館などが出現したのだったけれども、時代風潮に乗じてそのほかの旅館でも、さまざまな浴室を設けて客の誘致策としたのだった。

各室ごとの専用浴室、鍵付の貸切浴室、家族風呂といったもののほかにも、へちま風呂、丁字風呂、香水風呂、牛乳風呂、葉緑素風呂、ホルモン風呂、岩風呂、野天風呂、ガラス風呂、スポンジ風呂、ベッド風呂、などの施設を宣伝したのがあった。

「ガラス風呂」とは、ガラス製の浴槽なのだろうか。かつては映画のひと駒にもでてきたことがあると思うが、以前は豪華な贅沢な風呂として着想され、透明な浴槽に裸身の美女が入浴するのは、本人よりもほかから見た目の魅力のほうが大きい。しかしこの旅館のガラス風呂とは、大きな窓ガラスの浴室だったかも知れない。

かつて別府の山の上にあった千人風呂はさほど大きな浴槽ではないが、隋円形の浴槽を左右に縦断して、いっぽうは男湯、いっぽうは女湯として境壁で区切り、タイル張りの浴槽からは湯があふれ、広い流し場がある。その周囲（三方）の窓が大きなガラス窓になっている。だから入浴しながらはるかに山を隔てて別府市街や海が眺められた。

だが、東京都内で家が近接している旅館などでは、こちらが入浴しながら外部が眺められるとしても、逆に外部の家からも入浴中の人の姿が見られることになろう。

「スポンジ風呂」は、洗い場の床にスポンジが敷いてあって、柔らかく肌ざわりがよいというわけだが、アベック入浴者などにとってはほかにも利用価値のあることを暗示していたらしい。

「ベッド風呂」というのは、湯上りに裸体のまま暫時安息できるように、浴室内に折たたみ式の長椅子風ベッドが備付られているというもの、だがこれとてアベック客がいっしょに休息すれば、重みで中央に二人とも自然と寄り添わねばならぬようになるという。

とにかく、旅館の浴場施設には戦後さまざま新案が現われたが、それは浴場法以外の設備だったからである。

銭湯と取締

江戸時代には、すでに慶長の初めから銭湯というものは存在していた。だがその数はまだそれほど多いものではなかったと思われるし、利用者も少なかった。ことに女性の銭湯入浴者は珍らしいくらいだったといわれる。

そしてそれらの銭湯の規模や構造は、決して現代のわれわれが想像もできないような貧弱というか、不備で粗末なものであった。

また据風呂の出現が慶長の末であった点から考えても、その当初の銭湯は蒸風呂であって、浴槽の湯にひたるような洗湯になったのはずっと後の、江戸後期のことである。だが銭湯の意義は、都市生活の庶民にとってきわめて大きな関係をもつ存在だったし、江戸の湯屋はいわゆる〝江戸ッ子〟気質とともに、独特の発展を遂げ、ついには「浮世風呂」の名を高めたほど、江戸の庶民文化を象徴するものでもあった。

由来浴場の興隆は歴史的にみて、時代世相の転換期に起こるとの説がある。それがどういう理由かわからないが、徳川時代となった慶長年間には、まず銭湯の「湯女風呂」が出現して、おおいに流行をきたすに至った。

そこで江戸の銭湯の移推発達を取締の上からみると、大略つぎのようである。年代的にはこの湯女風呂が問題となる以前の慶長五年（一六〇〇）には、伏見豊後橋の銭湯で武士の喧嘩事件があったため、それより武士の銭湯通いが禁じられた。このことは当時市中の銭湯に武士も出掛けた者があったからである。

風俗上の取締

寛永十四年（一六三七）江戸では湯女は三人限りと定め、違反者は大門外で刑に処するとし、抱え湯女の制限令を発した。これは寛永十年頃からようやく湯女風呂が盛行し、湯女の売色が現われだしたからだった。

正保二年（一六四五）には、湯屋に女を抱え客を宿泊させることを禁じた。

正保三年、風呂屋の鑑板（鑑札）売買を禁じた。風呂屋は土地の状況に応じて開設を許可し、仲間の営業保護策としていたのであるが、湯女風呂などを計画して湯屋株を買う者がでてきたからで、ここでは湯屋風呂屋の制限を行ったのである。

慶安四年（一六五一）にも同様な触があり「風呂屋鑑板売買之儀、自今已後可為無用候、親類兄弟之譲候儀、但売買仕候共町年寄三人方へせんさく請差図次第売買可致事」といい、湯女風呂の増加を防いだ。

慶安元年四月ついに江戸市中の湯女を禁じたとある。（淡海巻八）

慶安五年六月（承応元年）の町触では、再び湯女の制限を令し、「跡々御定之通り風呂屋に遊女三人より外抱え申間敷候、勿論ゆな他所へは不及申、風呂屋仲間へも遣し申間敷候者也、若相背候はば屹度曲事可被仰付事」というのであり、たびたびの触書にもかかわらず湯女禁止の効果があがらなかったわけだが、一般の風呂屋でも湯女とは呼ばずに、垢かき女、髪洗女の名目で雇い、売色させないためでもあった。

後年大坂での風呂女の売色でとがめを受けた風呂屋側のいいぶんには、自分のところでは売色はさせないのだが、女共が月三回の休みに自分の好む男と逢うのだから、しかたがないと答弁したという。あたかも現代の売春婦は自己の任意な恋愛行為だと主張するのと同じである。

また江戸の湯女取締は、吉原遊廓官許のときの覚書によって、廓外での遊女行為はいっさい許さぬとしたことと、湯女のために不況をきたして訴え出た吉原の営業保護政策でもあった。だがそれほど市中における湯女風呂は庶民から人気があった証ともなる。

承応二年（一六五三）十一月には、湯屋風呂屋の営業時間を暮六ッ限りとすることに定められた。これは江戸は火事が多かったから火之用心のためでもあったが、一面には夜間が主となっていた湯女風呂に対する牽制でもあったろうか。この営業時間などはさらに寛文二年（一六六二）にも申渡しがあった、すなわち

一、遊女為抱置申間敷事。

一、火之用心堅相守可申候事。

一、湯屋風呂屋、明け六ッ時より暮六ッ時迄焚仕舞可申候事。

明暦三年（一六五七）は正月十八日の江戸大火後、新吉原遊廓が始まることとなったので、六月には湯屋風呂屋の遊女を禁ずる旨重ねて触出され、続いて市中の隠売女の大検挙となり、風呂屋二百軒取潰処分となり、湯女の類六百余名を捕えて吉原送りとした。

寛文四年には、風呂屋崩れの業者共が茶屋構にて女を置き商売するのを禁じた。「茶立女」というのがこ

れだった。

寛文八年この年また江戸市中の隠遊女の大検挙が行われ、娼家七十四軒、遊女五百十二人を吉原送りとしたが、そのため廓内に伏見町、堺町を新しく開き、これらの者に営業させた。「散茶女郎」はこのときに起こったのである。

天和三年（一六八三）江戸市中の隠売女湯女など三百人を検挙し吉原送りとし、五年間強制稼業に就かせた。「奴女郎」であるが、享保八年以後はこの年季三年ということになった。

元禄七年（一六九四）七月、隠売女、髪洗女を禁じた。

元禄十二年六月、湯屋風呂屋および遊女取締について繰返し触がでた。

かくて元禄十六年に至り、湯女風呂はようやく衰退したのだったが、その後も町の銭湯が暮六ツ以後に湯女稼業をする者があり、天保改革まではなおしばしば取締が繰返されていた。しかしこの湯女風呂が、いちおう衰退した元禄十六年以後に、庶民大衆の浴場としての銭湯本来の発展が起こったのであった。

取締対象

つぎに取締の対象となった銭湯は「男女入込湯」だった。寛政三年（一七九一）正月この男女入込湯が御停止となったのである。

その頃の湯屋銭湯は出入口も流し場も浴槽も一つしかなかった。だいたいは男客だけを扱う銭湯だったり、女客だけの湯屋だったりしたものだが、町によっては女客だけでは浴客の人数が少なくて、営業が成りたっていかないところでは、日時を定めて、このときは女湯、ほかの日は男湯としていたところもある。

寛政二年十二月の触書では、新規開業は許可しない方針で、家のたてこんでいる町では二町を限り一軒、場末の所で両側町なら四町に一軒、片側町なら五町に一軒を限り営業が許され、入浴客に応じた配置で営業が成りたつように考慮されていたのであるが、「新規女湯之儀も右同断。但男女入込之湯屋、女湯仕分之儀は別而正敷相成候儀に付、一町を限り可許申」といっていたのであるが、その翌年の正月には寛政の改革で急に入込湯は禁止ということになったのである。前記触書中にいわゆる「男女入込之湯屋」とあるのは、一軒の湯屋が女湯をやったり男湯の日もあるといった湯屋のことなのであろう。その仕切分けが正しく行われていればよいのだが、とかく区別がなくなって男女混浴の銭湯と化したものもあった。狭くて薄暗い浴場での混浴は、風紀上よろしくないのは当然だが、またそうしたところへ入浴に来る者もあるので、流行というか評判にもなって、湯屋のほうではかえってとんだ繁昌と内心喜んでいたかも知れない。

『宝暦現来集』には、

もっとも、この入込は毎日夕七ツ時より男女入込故、さてさて騒々しきこと云々。

とあるように、この湯屋も規定の〝暮六ツ時までにて焚仕舞可申候事〟という正規の営業を終えて後のことなので、これはどういうことになるのか二枚看板の別業ともいいきれないわけである。

享和三年（一八〇三）十一月にも、

先達而相触候通り、男女入込湯決して致間敷候、同渡世の者共相互いに糺し合い、若し内々にて入込湯致候もの有之候はば可訴出、糺しの上屹度咎可申付。

同様な趣旨を重ねて触出しているが、なお入込湯は絶えなかった。そして明治となり明治五年（一八七二）四月の東京府令でも「男女入込洗湯不相成事」といっているのがある。かくて明治時代の銭湯ではたまには男湯の終い湯に女客の一人ぐらい入れて貰うのはあったらしいが、すでに男湯と女湯とが同じ湯屋に区別した浴槽をもつのだから、その必要も理由もなくなったわけである。

しかし温泉宿の混浴や無料の共同浴場などで、地方の状態によっては混浴の行われているところもあり、戦後の浴場と混浴のことは別項に掲げた。

構造上の取締

そのほか銭湯の構造についての取締では、天保十三年（一八四二）に浴槽の仕切を設けさせて男女の区別をさせた。だがこのときのものは、簡単に浴槽の表面にだけ、板の仕切をして左右に分けただけで、底の方は共通していたという。

文政五年（一八二二）十一月風呂の柘榴口硝子の戸前御停止に相成る（『湯屋万歳暦』）。そして「ざくろ風呂」は明治十二年ついに禁止されてしまった。

明治になってからは、明治十五年に「二階風呂」の取締があって以後姿を消したが、「女中湯」とて銘酒屋とともに流行したからだった。

明治十八年に「湯屋取締規則」が成文化して出たので、その後はすべてこれにもとづいて行われることになり、戦後の昭和二十三年には法律で「公衆浴場法」と「温泉法」とが制定となり、浴場営業はすべてこの二法律のいずれかによらねば、営業できないことになった（「近代の銭湯」参照）。

第四章 入浴雑考

湯屋の設備・備品・その他

♨浴槽の踏段

『湯屋万歳暦』に、「天保三辰年の頃より年寄子供出入よろしきように、風呂の内へ上りふみ段つけることはじまる」とあり、木製の湯舟の内側へ、横木をつけて踏み段とした。浴槽は、流し場の床より上に高く出ていたが、床より下にも幾分深くなっていて、湯の中で立ちあがると湯は胸のあたりまであり、浴槽の縁は首の下くらいの高さだった。

浴槽が床下に深くなったのは温泉地の浴槽風に倣ったものだった。ところで京阪の銭湯では、浴槽の周囲に低い段がついている。このことは『洗湯手引草』にも記されているが、近代にも伝統とされている。そして浴客は浴槽を背に入口の方を向いてこの段に腰掛けて洗っている。洗い桶が東京のように丸い桶ではなく、枡形の浅いものなのである。だからタオル手拭でも入れると一度に桶の湯がなくなってしまう不便なものだが、大きな桶で下湯をかい出されたら損だという、やはり上方の計算高さからきているとか聞いている。

銭湯女湯（芳幾画「競細腰雪柳風呂」）

ところで浴槽の段は、湯舟が流し場上に高くできている場合と、流し場から下に深くできている場合の、浴槽形式によってこうした踏段の必要が生じるわけで、この浴槽の外側についている段は、元来踏段なのであるが、洗い場が狭くて混み合ってくると場所がないから、この踏段を腰掛けにしているという。

♨洗い桶

銭湯での洗い桶は、古くはみな各自が持参したものだったが、享保の頃、西国辺の三助が「流し」の桶を自分で作って置いて、背中を流す客には使わせることを始めた。これを「廻し桶」と名づけた。後年の「流しの桶」はその遺風であるという。『湯屋万歳暦』には、

享和の初頃までは客人により銘々の印をつけし大きなる桶を湯屋に預けありしが、この頃両国辺にて湯屋の若者桶を拵

え置き、背中を流す人につかわせる。これを廻し桶と名づけて、後におけ無尽はじまる。預けおけは所により残りありしが今は大体なし。

とある。享保と享和の誤りか（この『湯屋万歳暦』を載せている『洗湯手引草』は嘉永四年版の書である）、西国と両国との違いもあるが、それよりも従来の風呂屋女、垢かき女とか髪洗女に代わって、男の三助が出現しているることになるので、この年代の記載は重要である。

湯女風呂は、たびたびの取締りにもかかわらず、天保頃までは絶滅しなかったけれども、元禄十六年（一七〇三）の取締りで髪洗女も禁止され、このときいちおう湯女風呂は衰退し、一般の銭湯が湯屋本来の姿で大いに発展しだしたのであるから、享保年代には普通の銭湯では男の三助になっていたとも考えられる。享和（一八〇三）では時代がやや遅いようでもある。

「預け桶」というのも「廻し桶」の後に起こったらしい。つまりそういう桶の現われだしたので、共用桶を使うよりは専用のものをというわけで、自分用に作って紋所など印をつけ、入浴に来たときに使って、常には湯屋へ預けておいたのである。

そして追々それを希望する者がでてきたので、男衆の斡旋で「桶無尽」を考案し、分割掛け金で順次印のついた桶を作ることにした。と考えられるのである。

湯屋で「流し」をとることは、常連浴客のいささかの誇りでもあった。そうした心理を利用してこれらのことは、結局流しの男衆の稼ぎの繁昌ともなったからである。流しの客でない普通の客は「小桶」を使った。この風習は近代まで伝わり、流しをとる客は番台に料金を払って「流しの札」を受取って入る。するとその度に番台からは拍子木とか呼鈴で奥の三助のいる所へ合図するのである。三助は

戸棚風呂（古画屏風絵）

女湯錦絵（国周画「肌競花の勝婦湯」）

さっそく流し場にやや大型の「留桶」と、普通の小桶二個に湯を汲んで積んで置く、客はそこへ座を占めて湯を浴び、それから浴槽に入るのである。

大型の留桶を使っている客が流しの客なので、浴槽から出てここに座るのを見て、三助が背中を流しに来る順序になる。「留桶」というのは、預け桶の風俗がなくなった嘉永頃から、流し客の桶はすべて湯屋で作って備えつけることになり、それを「留桶」と称したのだった。

流しの合図

文化七年（一八一〇）五月、江戸の湯屋番組割付が決定されて、「湯屋組合」発達の因となったのだが、このとき「湯屋大行事」（組合幹部としての世話役）というのができた。この大行事の会合の折に「流し」客の合図について話が出たが、男は一本だから一つ、女は割れているから二つ、拍子木を打って合図をするという意見が、そのまま定まりとなったという。

しかし明治以後には拍子木もベルに変ったところが多く、男湯の流しが女湯の流しより少なくなるにしたがって、このベルも女湯の二つは紛れ易くもあり、手数を省く意味から一つ鳴らすことにして、男湯の流しを二つならすよう改正されてしまったという。

とにかく流しの客が来て番台に告げると、その料金と引換に「流しの札」を客に渡し、番台ではただちに拍子木なり電鈴で奥の三助に合図をする。ベルの数によって男湯か女湯かわかるから、三助は流し場に桶を積んで用意するのである。西沢季叟が嘉永三年（一八五〇）の江戸の見聞記の一節には、

三助と通り名して、背を流す男あり、晦日々々に祝儀を銭取番にやれば、その客来ると柏子木を打ち

三助勝手より来て、留桶とて上客にばかりつかう飯櫃程なる大桶に、あふるる湯を汲み、平生の小桶二つにも湯を汲みて置くことなり。云々。

とある（「流し」「三助」の条参照）。

♨番　台

番台は関西では「銭取番」といったらしい。銭湯の入口に一段と高い座を設けて、ここには湯屋の主人または女房が座り、入浴料を取り、流しの札を売り、その他入浴者の世話をやき、脱衣場の監視などを掌ったのである。紋日には昔はここに三方を出して置いて、祝儀を受取ったし、洗い粉の糠袋等をも売っていた。湯屋の「番頭」といえば、本来は男衆の頭のことで、番台に座っているこの主人の呼称なのだが、浴客からは三助のことをも常には番頭と敬称していた。番台はこの番頭の座席のことで、浴客の行動や所持品などの番をしたところでもあった。

近代になって「板の間稼ぎ」の盗難にあった者が、その損害賠償を訴えて、番台は入浴中の客の脱衣を監視する責任があると主張したが、一々誰の衣服でどれだけのものと調べて引受けているわけではないので、湯屋が任意に賠償することは差支ないが、契約とか責任の範囲の法的根拠はないとして、問題にはならなかった。

この番台の形式が寛文八年以後、風呂屋者が吉原入りをして遊女屋を営むようになったとき、遊女屋の「牛台」として伝統されるに至ったのである。

看板・のれん・障子

湯屋の看板には矢をつがえた弓形のものが屋根上に出されていたとは『守貞謾稿』にも見えている。弓射(ゆい)るとの意味からだったという。

「のれん」は男湯、女湯など書いたやや長いのが、入口の軒から下がっていたのだが、明治時代には風呂屋名なども書かれ、入口の戸障子の有無や下足土間の構造の変化によって、のれんは内側になったり、外側に出たりしたことがある。

昔の銭湯では、表の入口が障子戸になっていて、それに男湯、女湯と書かれ、ここを入るとわずかな土間があり、そこに下足を脱いで番台のある脱衣場へ上るようになっていた。一軒の湯屋で男湯と女湯の両方があるところでは、この入口の障子戸が並んでいる左右に格子窓が、往来に面してあり、男湯の格子窓は荒格子だが、女湯の方は細かい格子窓だったという。

明治五年（一八七二）十一月太政官布告で出た『違式詿違条例』というのは、警察犯処罰令とか軽犯罪法といった規定なのだが、その第三十七条には、

湯屋渡世の者、戸口を明け放ち或は二階の目隠簾を垂れざる者は、罰する。

との規定があり、その頃はまだ入口は障子戸だった。明け放たれて往来から内部が見えてはならぬというのであるし、湯屋の二階は明治まであったのである。

正月の銭湯
（国貞画「睦月わか湯乃図」／中央の三方には祝儀が山積みになっている）

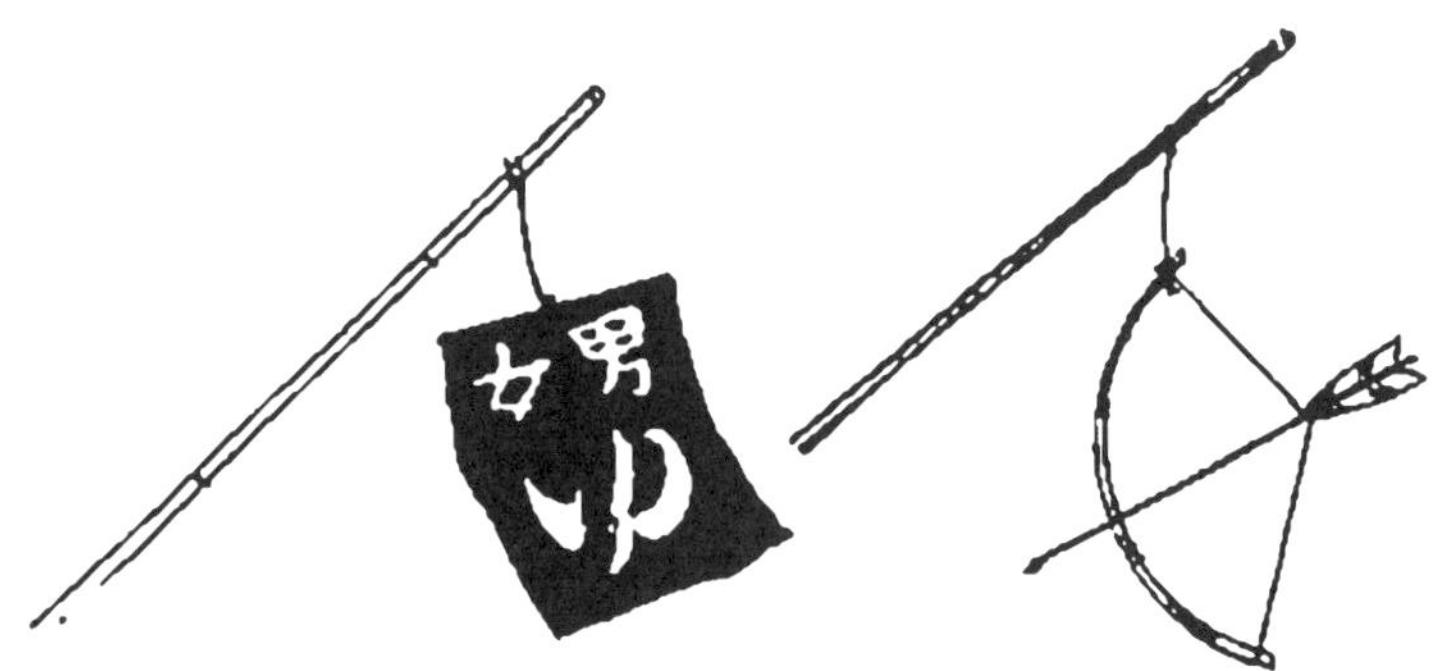

湯屋の看板（髙橋雅夫編『守貞謾稿図版集成』より）

湯屋の名

湯屋の看板に弓矢の目印が出ていたのも、文化文政頃にはほとんど廃れてなくなったという。のれんには男湯女湯と書かれただけで、ここに湯屋名などが染め出されるようになったのは後年のことだった。

大坂などでは軒下の格子のところに角行灯を掲げ、これに「額風呂」など記されていた。夕刻からは火を点じたという。上方の風呂屋の行灯は湯女風呂として盛行した頃には、この目印と風呂屋号が、あたかも妓楼の楼号のようになっていて、後年これが風呂屋から揚屋茶屋に転向してからも、店の名には同じ風呂屋号が用いられていたことは『守貞謾稿』にも出てくる。

湯屋の名も江戸では何々湯とはいわず、何々町の湯とて町名で称し上方と異なっていた。西沢季叟の記にもこの点を、

銭湯は大体一丁目に二軒づつは丈夫に有り、上方の如く大和湯、扇湯、桜湯などと呼ぶことなく、町名を上につけて湯と呼ぶなり。いわば檜物町の湯とか、堀江町の湯とか呼びて、湯屋の門口に男湯、女湯と並びて有り云々。

といっている。嘉永頃のことである。

明治時代になると、蛇骨湯とか白湯とて湯屋の名でない特殊な区別を意味した看板が掲げられたこともあるのだが、このことは前にも述べた。

岡湯と湯舟

岡湯は「上り湯」ともいい、入浴槽以外に流し場の一隅に小さい湯槽と水槽とが並んでいたもので、流し場での洗い湯に使ったり、湯から上がる最後にこの湯を浴びて出た。浴槽はみなが裸体で入り不潔だからというのであるが、ここから湯を小桶で汲み出して身体を洗う者もあり、昔は浴槽内で顔を洗ったり、口をそそいだりした者もあった。

銭湯の初め頃にはまだ岡湯の湯舟もなく、浴槽のかたわらに、羽目板の下部が小窓になっていて、そこに湯槽があり、「湯汲み女」などが番をしながら、浴客の差出す小桶に湯を汲んで与えていたのだった。「岡湯」とは、湯舟に対して流し場にある湯との意味で、浴槽外の湯との義である。

大正年代以後、カラン制となる以前には、岡湯の湯舟に洗い桶を入れて汲み出すのが不衛生だとて、別の柄杓を備付たりしたが、実用されなかったので、やがて岡湯の湯槽にふたをして、柄杓が使える程度に穴をあけたりしたが、不便で不評をかった。

湯屋の岡湯の湯舟は、ずっと以前から明け放しで、明治時代には畳一帖敷ほどの大きさの湯舟が、男湯と女湯にまたがって長く設けられていた。そして両方から随意に小桶で汲み出せたが、境の羽目板もこの湯舟のところだけ下部が切り抜かれていたから、屈むと隣りの流し場が少しのぞけるくらいだった。湯舟の水が少なくなって、汲む人も絶える頃には、水面は静かに鏡のようになり、かたわらを通る人の姿が水にはっきりと映った。

「湯舟」というのは湯槽のことで、舟形との意で起こった名であろう。入浴する湯槽にも岡湯の湯槽にも湯舟との称が使われたのである。

湯屋の風俗

♨流　し

湯屋へ行って身体を洗うことを、上方の俗称では「垢をかく」といい、江戸の通称は「背を流す」ということが、長い間の習慣として唱えられてきた。蒸風呂時代には「垢かき女」とて浴客の身体に息気を吹っかけながら巧みに垢をかいた女がいた。江戸の初期にはそれが「湯女」などと呼ばれて、やはり指先で浴客の垢をかき奉仕していたのであり、慶安、承応の頃には銭湯に行く者はみな髪を洗い、帰りには散らし髪で帰った風俗だったことは『骨董集』にも見え、この頃から銭湯の女を「髪洗女」とも呼んだ。

かくて蒸風呂が早くから普及した上方には入浴の「垢をかく」との言葉が常用されていたのに対して、江戸ッ子はおれたちはこれでも毎日銭湯に入っているんだ、湯屋に来て垢をかくなんてケチな量見はねェ、ただ汗を流すだけだ、とて「流し」といったのであるが、その頃には江戸では湯屋が発達していて洗湯なのだから、湯を浴びて身体を洗い、蒸風呂とはわけが違うからだった。三助も浴客の背を手拭を丸めてこすり、あとで湯をかけ、簡単に肩をもんだり叩いたりして済ましたのである。それが言葉の上に伝統として残ったものであった。

『洗湯手引草』風来山人の序文の中にも、銭湯に五常の道ありとて、

湯をもって身をあたため、垢を落し病を治し、草臥を休め、疾ひぜんにはかゆみをとめ、心よくその夜とっくり臥しめるは、是則仁ならずや。

小桶のお明きは御座いませんかと、他人の桶に手をかけず、留桶を我儘につかわず、また急いで明けて貸すたぐい、懇意の仁には汲で置など是全く義也。田舎者でござい、冷物でござい、御免なさい、或はおゆるり、または御先へとのべ、或はお静か御寛りなど、番頭どのは叮嚀に挨拶するは則ち礼也。糠あらい粉、軽石、或はへちまの皮で垢を落し、石ころで毛を切り、撫で付櫛で髪形を直すたぐい則ち智也。湯が熱いといえば水をうめ、ぬるいと云えば湯うめ、互に背中をながし合い、老たる仁には湯を汲んでやるたぐい則ち信也。云々。

とこれらの中にも流しの作法のことなどがよくうかがわれるし、垢を落とすことは入浴の目的であることに違いはなかった。

祝儀

祝儀ということには、(1)祝いの儀式、(2)祝意を表すために贈る金品、(3)芸人、職人、女中その他出入の者などに与える心付け、はな等の意味がある。

遊里には妓の挙代を「花代」といっているのが多いし、妓楼の者に与える祝儀に「総花」「二階花」その他の類があり、「紙花」の風俗もあった。一般にも祝祭日、紋日の祝儀があり、紙に包んで捻った祝儀を俗に「おひねり」といって、昔正月に各戸を訪れた万才などに与えるお捻りなど、「十二文」というのが習いになっていた（これらの慣習や昔の賃金、物価などについては拙著『遊女の生活』『廓の生活』に詳記した）。

花。むかし物を人に贈るのに、草木の花の枝に添えて贈ったので、祝儀の贈りものを「はな」といった。また「纏頭」との称は、宴席で遊芸をして見せたり、御機嫌をとり結んだ幇間などに、褒美として主客が着ている羽織を脱いで与える風習があった。すると受けた方では、これを頭に載きまとって礼の挨拶をしたので、祝儀を「てんとう」とも呼んだ。

遊女の挙代を「花」と称した一説には、わが国でも最も古い遊里と称する下関赤間遊廓には、次のようないい伝えがある。ここの遊女の起源は、かの源平壇の浦の合戦で破れた平家方の官女が、最後には海に投じたがそのうち生き残って岸に流れつき、近くの山間に隠棲していた折、生計のために赤間の町に花売女として出たのだったけれども、ついに売女となった。そこでこの代償を、男達は花代と称して与えた。そこから挙代を花代と呼ぶようになった。

それはともかく、銭湯では明治時代になってからでも物日には、番台へ祝儀のおひねりを置く習慣が伝えられていた。正月の初湯にも持参し、番台の三宝に差出したのだった。だが明治四十年（一九〇七）頃にはこの祝儀に対する取締注意が出たり、大正十年（一九二一）には銭湯の「催し湯」は五月の節句の菖蒲湯、冬至のゆづ湯に限定されてしまった。

♨風呂敷

物を包むのに用いる四角い布を「風呂敷」と呼ぶのも湯屋風俗から起こった名といわれる。『嗚呼矣草』には、

湯上りに敷く風呂敷といえるのは、足利家のとき浴の饗応ありしに、それぞれの衣服間違はざるよう

に、定紋など付し衣袱（きぬつつみ）に衣服をつつまれしを、湯上りに敷人ありしより、風呂敷なりと従者の心得しより、衣袱の物名となれり。

とあり、また江戸銭湯の当初にあって、武士が入浴するときには、衣類大小をこの風呂敷につつみ、湯から上れば風呂敷を広げてその上に座し、身なりを整えたともいわれる。この話ではすでに風呂敷という布が存在し、実際上も浴場の脱衣場の床にこれを敷いていたのであるから「風呂敷」の名にも、何等不審がなくなっていたことになる。

ところで『女礼備忘随筆』には、

男女とも風呂の底に風呂敷をしき申也。

風呂敷製作は如此三たたみにして四角の一方の竪だたみに、乳（ち）三つ付けたるを、風呂の底の片側に打釘三つ有之、この乳をかけ、三方は浮きてあるを、入給う折底につくようにするもの也。

とあって、つまり直接肌が風呂桶に触れぬように、この布を敷いたのであった。そこで「風呂敷」といった名がある。こうした名と風俗があったにせよ、後年の風呂敷は銭湯で持物などを包み、または仮の敷物として用いたところから起こったものであろう。

『広辞苑』には風呂敷を、

湯殿に敷いて湯からあがったときに、足を拭う布。

とあり、ここでは浴場用の敷物ということから、一般には物を包む布とされるようになったと解される説明がある。

♨留　湯

俗に浴槽の湯を取替えず、そのままで翌日も沸して入浴に使うのを「留湯」というが、江戸時代には商家などが銭湯と特約して、その家の人々がいちいち入浴料を支払うことなく入浴に行かせたのを「留湯」と称した。一定の時間に続いて出掛ける場合もあったろうが、そうした「貸切湯」の意にもなる。

商家で多くの使用人を抱えているところでは、その入浴に自家で据風呂を立てる手数や、場所によっては地価の高い土地に風呂場を設ける設備の不経済なども計算して、むしろ近くの銭湯と特約した方が利益だというのだった。

これはいわば銭湯の「買切湯」であり、前売湯ともいうべきもので、ある日時を定めて特約の多人数が入浴するのである。

西沢李叟が嘉永三年（一八五〇）の江戸見聞を記した文中にも、

　銭湯へ家内大勢の家は、男女幾人と定めて約するもあり、豪商の家たりとも風呂を焚かぬは第一火の用心のため、二つには勘定なり。風呂物、焚もの、湯殿と、江戸間一坪半も塞がればこの店賃、一間一分にてはあがらず、桶釜の損じ、薪炭高値なれば皆々銭湯へ行くと知るべし。

と見えているように、商家では計算がつましい。大勢の使用人を置いて、それぞれに銭湯へやっては費用も馬鹿にならず、暇もつぶれて損失となるとの考え、さりとて家に据風呂を設けるにしても土一升金一升の街中では地所利用上の不経済、風呂焚の人手も必要だし設備や用品の費用も少なくはない。いっそ銭湯に交渉してひまな日時を特約して、一人分いくらと定めて入浴させた方が得策というわけなのであった。これを

「留め湯」といったのである。

近代では温泉旅館などに「貸切湯」とて、「家族風呂」「夫婦風呂」というのもあった。留湯とはわけが違うが、銭湯でも貸切りの方法が考えられていたのである。

湯屋の石

俗に「毛切石」とも呼ばれていた。除草用の石で「下も刈り」の一法でもあった。川柳には、

銭湯に軽重の石三つあり
ざくろ口蛙鳴くなり毛切石
小僧の月代銭湯へ石二つ

などの句がある。防傷などのために、春草を調整した風俗は、遊里に行われ、〝池の端花咲く頃に草も生え〟〝吉原の土手通るほど草を抜き〟〝売物は草をむしって洗う鉢〟などの柳句もあり、妓が商売道具の手入に洗う「下も湯」、刈込みの「下も刈り」などをなし、春草除去を「毛引」ともいった。また「摘草」などというのも春草に因んだ俗称である。

この種の風俗は、また一般にも行われていたようで、そのための石が、銭湯に備え付けられていたのであり、この石の図は『洗湯新話』にでているというが未見。寺門静軒の『江戸繁昌記』（天保五年）には「浮石摩踵、両石敲〻毛」とあり、三馬の『浮世風呂』上巻にも「糠洗粉、軽石、糸爪皮にて垢を落し、石ころで毛を切るたぐい云々」といっているのがある。

川柳にもあるように、この石は「軽石」以外に普通の小石二個一組のもの、それで叩き切ったのだとも

いわれるが、蛙の句にもあるとおり、擦り切ったらしい。またこの石が置かれていたのは、男湯の方だけだったと説く者もあるけれども、『こそぐり草』や柳里恭の『独寝』には、

ひろくおえなば速かに下がりし、けながくば胡麻の油の紙そくにてやいするか、石を合せてすりきり給うこと肝要なり。

と見え、擦り切るのである。そして女も行った。

除草法

遊女が商売柄局部の「手入れ」をしたことをいうので、結局それには「下も湯」と「下も刈り」があった。そして、いずれもこれらは浴場で行われたのが多く、入浴に関連した風俗となっている。俗にいう「毛引」「下も刈り」の除草法としては、

(1) 擦除法。すり切るもので、これには古くから行われたことでは、塩みがき、灰汁みがき、糠みがきなどがあった。

(2) 抜除法。抜きとるもので、支障となる余計な部分を除去したのである。古くからの方法としては元詰、蛤貝、毛抜きなどが用いられたという。

(3) 焼除法。焼き切ったのであり、そのためには紙燭、線香等が用いられた。

(4) 剃除法。刀剃で剃ったのである。湯屋の石も擦り切ったのであるが、特殊な場合に、素人の間に行われたので別項に説明を掲げた。

(5) 挾除法。はさみで切った。もっとも簡単だし、後年に行われた方法だった。「刈り込み」などいった

のもこのことであろう。

古く考え出された塩みがきは、贅毛の産毛などを除去したのであるが、やり方によっては因幡の裸兎の苦痛をまぬがれないことになる。その点では灰汁の方が消毒にもなり、安全だとされたけれども、さらに糠みがきがよいとなった。江戸時代からの銭湯でも、化粧用の洗い粉として、細毛をとり肌を滑かに光沢がでるとて、一般洗顔用にまで糠袋が用いられるようになったのであった。

湯具・浴衣

湯具といえば、今は入浴のときの衣服。湯巻き、湯もじ、まき腰などと説明されていて、もっぱらこの称は、女褌の意の言葉とされている。

古書にも「湯具」は他の「浴衣」と区別してこの名を用いているのがあるし、「湯もじ」はその女詞だった。しかし入浴時に用いる衣服として、これらの服装の変遷のことは別項にも掲げた通りであって、ことに「浴衣」にはその用途を異にしたものがあった。

『広辞苑』を見ると浴衣の項に、

ゆかた浴衣。「ゆかたびら」の略、おもに白地で浴後または夏季に着る木綿の単衣（ひとえ）。

という。また「ゆかたびら」の条では、

湯帷子。ゆかた、ゆぐ、ゆまき、身拭（みのごい）。

とある。往昔貴人女性の入浴には肌に湯もじをつけ、麻地の薄い単衣を着てそのままで浴槽に入り、中でこの単衣をとり身体を流し、さらに浴後湯から上るときには、別の乾いた浴衣を着たという。この浴槽内で着た衣を「明衣（あかは）」、「浪衣（なみごろも）」などと呼んだのである。そして浴後の「浴衣（ゆかたびら）」を着た。これも浴後のくつろいだ略衣だったのである。これが後年庶民の風俗にも転じて、浴後の略服からついには夏季などに着る軽装となったのだった。

前記「身拭」とあるのは、あたかも湯上りタオルのような意味での浴衣をいったものであろうか。庶民風俗に流行した浴衣は、主として木綿白地の大型模様のものだったが、これは涼し気に見えるためでもあったろうが、一面には明衣の伝統でもあったろう。そして浴衣の流行は、ことに女性の服装としては、素肌に単衣を着た艶姿とか、単純な略装の気軽さ、夏らしい流行服装だったなどの理由のものと思われる。

♨風呂褌

褌の名には湯具とて風呂に関係の名が多い。「風呂褌」もその一つで往昔の特殊風呂を物語っている。

古川柳には、

　ふんどしを猿にとられる草津の湯

との句があり、草津温泉の古びた静けさを思わせる句だが、川柳だけに滑稽味も忘れてはいない。しかし、これを風俗的に見れば、猿は湯女の異名であるから、湯治中に馴染んだ湯女が男に、もっと長く滞在するようにせがむか何かして、痴話の戯れから入浴中の男の褌を取りあげてしまったとの情景の句なのであって、これではあたかも伝説天の羽衣を逆に行ったこととなり、男だって浴槽から出るに出られない仕末である。

ところでこの句の中に出てくる男は、褌はしていたものか、あるいははずしてかたわらの樹へでもかけて置いたものか、その辺は判然としていないけれども、実際上は草津温泉の入浴者は後の世までも褌をして

風呂屋・風呂褌

伏見の風呂（「狂歌旅枕」挿画）

入浴するのが慣習となっていたのである。

江戸時代の町の銭湯でも、「風呂ふどし」とて男も女も入浴するのには褌をしたままで入っていたという。『洗湯手引草』（嘉永四年版）には、

慶安の頃までは男女共、洗湯に行くに別の褌を持来りて、これをしめかえて湯に入る。上る時は底浅き下もたらいにて洗いすまし持ち帰る。これを湯もじという。その後手拭にて前を隠し湯に入りしことになりしが下盥は天保の初まで残りありしが不浄というて近頃は一向になし。

と記されている。また『骨董集』にも、

宝永の頃まで風呂ふどしというものありて、常のふどしに結びかえて風呂入りしたる証なり。

との記載がある。天和二年（一六八二）の『好色一代男』や、その他の西鶴もので貞享三年（一六八六）版の『三代男』などに出てくる銭湯の図には、みな褌をして入浴している。浮世草子の挿画だからわざと隠して描かれたのであろうといわれてきたのだが、そうではなくて、事実この頃にはみな褌をして入浴したのである。

宝永二年（一七〇五）の『御前独狂言』の中には、酒に酔って入浴した者が、褌を解いて入ったとて人々が笑ったとの話があるくらいで、元禄初期頃まではいずれもこのような風俗だったのである。慶安・承応頃の湯女風呂にも褌をして入浴したことは古書にも見えるが、この頃の湯女風呂はまだいわゆる「戸棚風呂」で、ほとんどが蒸風呂であったからでもあろう。

前記『洗湯手引草』ではこれを「湯もじ」というとあるのだが、入浴するときの褌のことはとくに「風呂ふどし」と呼ばれ、常の褌とは別に持参して行き締め替えたから「替えふどし」の称もあった。そして帰り

までにはそれ洗って持ち帰ったため銭湯には専用の「下たらい」というのが備えられていたし、流し場の片隅には褌をかけて水を切るように綱が張ってあった。

風呂褌が用いられたことは、人前で全裸の姿を露わにするを恥じたからでもあったが、また一つには「空風呂」の蒸風呂入浴時代からの慣習とも思われる。後年には、やがて丸裸で手拭などで前を隠すようになり、銭湯の下たらいも天保以後にはどこにも見られなくなったという。

♨三　助

『広辞苑』には、銭湯で風呂を焚き、また浴客の垢を落とすを業とする男の使用人、とある。俗に「伴頭」さんと呼んでいる湯屋の男衆のことと解されているのだけれども、詳しくいうと銭湯の主人に使われている男衆にも、いくつかの種類の役割と階級があった。木拾い、下足番、釜焚き、湯番、流しの男衆などである。このほか番台に座っているのは主人かその内儀で、これが「番頭」である。湯屋の男衆、その他女中などの頭というわけなのである。

湯屋男「三助」についてそうとう細かく書かれているものでは石田龍蔵著『明治秘話』（昭和二年）がある。この書は、後に昭和九年には『明治変態風俗史』一冊のものとなって再刊されている。以前の伝統では湯屋男はほとんど越前の出身者だったので、それ以外の国の者がたまたま湯屋男になると、場違い者とされていた。

「さんすけ」とは、もともとは釜焚男の称で、画数の多いむずかしい文字のサンであり、助は、たとえば下男を権助といったと同様の擬人名語なのである。川柳には、

三助とお三で六なことはせず

飯焚きの通り名男女ともに三などいった句があり、下男が三助、下女がお三の通称で呼ばれたのも、共に飯焚きの意で、焚くの本字がむずかしいサンだった。下女のおさんは、江戸城大奥でお三の間勤めの下級女中からきた称だとの説もあるが、普通一般では飯焚女の意に使われていた。

しかし湯屋の「三助」との名の起源説にはまた次のようなものもある。

(1)かの光明皇后の悲願の「千人風呂」のとき、いつも皇后に付添って奉仕していた女官が、三人だったから、三人の助手との意で三助の名がでた。

(2)昔ある殿様が重病にかかり、危篤となったのであるが、その時三人の忠義な家臣がいて、何とか殿の病をなおしたいと、殿様の平癒を祈願し、千人の垢を流して遂に殿様は全快した。そこで後にこの家臣を賞して、共に忠臣の協力者だったとの意で「三助」の名を賜わった。

との話がある。付会の説のようだけれども、江戸時代の湯屋取締では、しばしば湯屋の抱え女は三人以上は許さないと触書がでているのも、三人という何かの故事的因縁によるものだったろうか。

蒸風呂時代には、風呂吹きとて「垢かき女」が浴客の垢をかいた。江戸の銭湯でも初めは垢かき女、髪洗女が浴客を扱っていたのであり、いつ頃からそれが湯屋の男衆に代わったか詳でないが、思うに湯女風呂の禁止弾圧や、蒸風呂形式が洗湯の据風呂風に推移し、いわゆる湯屋銭湯となって垢かきが必要なくなってからのことであろう。代わりに「流し」の男衆となり、女湯にもこの三助が出たのである。

湯屋の男衆となると、まず最初は見習いとして「木拾い」を担当した。古木を燃料としたので、古材木や流木などを拾い集めたり、作業場からもらい集めに車を曳いて出歩くのだった。家にいるときは下足番をしたのである。

次にやや慣れると釜焚きをし、その年長者は釜番とて元湯槽の上に座り、浴槽の湯の調節をする役となった。褌一つの裸で湯槽の敷板の上に座しているわけだが、別項にも記したように、ここでは湯の調節と共に浴客の混み方や、流し場の様子も見る必要があり、だいぶ役目が大きくなっている。そこでこの湯番をそう勤めてからでないと流しの男衆にはなれないことになっていた。

「流し」のいわゆる「三助」は流し場に出ていよいよ浴客の背を流す係となるわけで、番台からの合図で流し客が来たとなると、留桶と小桶に湯を汲んで出して置く、大勢の客の中で浴槽から出てきて、この用意された桶のところへ座った客を見て、次々と背を流してまわるが、順序などを誤らぬようにし、あまり待たせずに次々と済ませていく必要もあって、なかなか気を使わねばならない。

あとで流しの札を受取っていき、流しの数によって給料以外の歩合がつくのであるし、普通の給料もこの三助が男衆の中では最高である。近代の銭湯では股引に白い布の腹巻、そして半袖のシャツを着る風俗だが、以前には半股引に布の腹巻だけであとは裸体だった。その姿で男湯にも女湯にも現われたのだから、女湯で裸の女客の間をかき分けて流しの客に近寄り、その肌に手を触れて勤めるわけだけに、慣れないと決して平静な気持で働けないという。

芸者などは、とくに混み合う客の中で、自分はよい場所に陣取ろうとするから、それに応じた待遇をしてやらないと、憎まれて悪い噂でもたてられては困る。しかし芸者の方でも、それ相応によく扱ってもらうために、時折は三助に祝儀を与えるのである。

顔馴染になって流しをしている間に、いろいろと話しかけられたりもするけれども、商売女だけに思い切ったことも平気で話すし、態度や動作にも男のこころを乱すようなこともする。多勢の裸の女客がいるところで、こうした場合にも案外平気になれないと三助は勤まらないといっている。

記録によると『洗湯手引草』では享和年間といっているが、ある書にはまた、享保頃ともある。

西国から来た三助が、江戸の銭湯で自費を以て初めて流しの桶というものを造り、これを流しの客には使わせたので、これは「廻し桶」と呼ばれた。

それまでは、浴客各自が勝手な桶を持参して使い、帰りには湯屋へ預けて行ったのだった。しかし、この廻し桶が現われてからは、やがて湯屋男に金を与えて、自分々々に専用の桶を作らせるようになり自分の紋所などを印につけ、使ったあと湯屋に預けて置いた、これは「留桶」と称せられた、といい、だからこの頃には、すでに湯屋に男の三助がいたことになる。そして以後は銭湯の三助は、ずっと男衆が行ってきたのであるが、特殊な変わった風俗といえる。

湯具の種々相

♨ふどし

われわれの衣服の中でもっとも肌に近く用いる下着であり、裸体となっても最後まで離そうとしないのがこの湯具であり、女房詞で湯文字という。もちろん男にも褌（ふどし）があり、さまざまな形態でその呼称にも多くの異名が行われているのである。

こうした衣服は、いつ頃から起こったのか、湯具などいうところから入浴に関連して始まったともいえるだろうが、一面からは人々が裸体を露わすために、その羞恥を隠そうとして行われたものであった。

人々が原始生活の裸体時代から衣服というものを着るようになった衣服の起原説には、青木英夫・大橋信一郎共著の『服装概論』によると、羞恥説、武装説、迷信説、気候説、装飾説、雌雄説、貞操観説、標準説、儀礼説などおよそ九種類の説がある。しかし、菅原教造氏の説や宮武外骨翁の説などではことに女性の衣服は、羞恥を隠すためではなく、むしろわが肉体を目立たせようとして、腰に縄をめぐらし、そこに宝石などを吊した。これが腰蓑の起源で、それから追々に発達して衣服となった、といわれているように、女性は本能的に化粧をしたり装身具で美しく飾ってわが身の存在を誰よりも認めさせようとするのである。

かくてついにはわずかに顔と手の先を露わしているくらいとなり、近代に至ると衣服の上から肉体線の魅力を示そうとしたり、もっと短かいミニスタイル、さてはヌード姿さえ現わすようになったのであって、むしろ女性は、その裸体の魅力を見せたいのかも知れない。

女　褌

女褌には湯具・湯もじの他に、下裳、肌裳、下紐、下帯、内衣、内具、湯巻、腰巻、二布、脚布、緋縮緬などの俗称異名がある。

わが国の服装として、古くはズボン式の「下袴」が用いられ、それを肌に直接はいていたのであるが、やがてこれは着物の上にはく長袴となって、さらに緋袴となり、礼服化するに至った。しかし女装における袴の不便さについては、すでに平安時代から問題となっていたところで、鎌倉時代になるともはや正式の場合以外は女袴というものは用いなくなったという。

下裳、下袴の名はそれから転じた異名だったし、「下紐」は下裳の紐との意で、井出の下紐の伝説があるほか、古い諺には〝ひとに恋慕われると、下紐が解ける〟といわれたのは、結局は情交を意味する言葉だったのである。「ふどし」も踏み通すとの義の称で、「下帯」は「肌のもの」とも俗称し、下に締める帯と擬称したもの「したのび」はその訛言だった。とにかく、やがて女の服装が長袴から裾長の衣服となったとき、その下に「内衣」として女褌が起こり、ただ布を腰に巻くだけのものとなったのである。

パンティ

欧州においても古く裾長の服装をしていた婦人が、それ以外の下ばきはしていなかったが、十七世紀に踊子が舞台で脚線美を見せようとして、スカートを短かくしたとき、初めてパンティを用いたのが、やがて一般の流行となったのだといわれる。

わが国では大正の末頃から、いわゆる第一次世界大戦後のモダン風俗が伝えられ、若い女性の簡単服風の洋服が流行するに至ったとき、ズロースと称して下ばきが用いられだした。しかし和服姿のものはまだノーズロースが多かったのだけれども、その後は幼児にまでみなパンティをつけさせるようになった。

そして近代ではパンティ製作会社では三十数種類のものが造られているとかで、さまざまなものが用いられている。かつて浅草公園のカジノフォーリーで初めてレビュー興行が出現したとき、洋装の若い踊子が舞台で跳ねまわっている間に、ズロースがずり落ちてしまったとか、それが評判になってこの興行は大いに盛んになったとの話もあるのだが、その後レビューの取締基準が定められ、舞台での踊子のズロースは股下二寸以上の長さのものを用いることというようになった。それが昭和の戦後にはショーの流行に変わり、ストリップが興行され、ここではバタフライになった。

一般のパンティもきわめて短かくなり、ナイロンの透いて見えるようなのが行われたり、七色のものを曜日によって変えて用いられたり、さては網目やレースのもの、毛皮のついているものなどがある。もはや上着のスタイルでは魅力を目立たせることはできなくなり、趣味や奇抜な趣好が下着の面に向けられ出したのも、時代的風潮の一つといえる。

ゆもじ

さて『女重宝記』には「ゆぐはゆもじ」といい、『東海道中膝栗毛』の中には「坊主というものは女子のような、いもじしておるもんじゃさかい云々」といってるのがあり、「湯具」を「ゆもじ」といい、あるいは「いもじ」と訛言したのだった。前にも述べた『女礼備忘随筆』に記されている貴女の入浴についての原文は、次の通りである。

女中方は男中方のように素肌にて湯に入るものにあらず。まづ肌に湯具を召し、その上に明衣（浴衣）を召してそのまま風呂に入らせられて後、女中方右の浴衣をとり、湯具ばかりにて流せらるる也。またあがり給うときにも、風呂の中にて明衣を召して腰掛により給う。

入浴するにも女褌を召したのであり、だからこそ「湯具」との名も出たわけだろうが、これは一枚の布を腰に巻いただけのものだった。『女礼備忘随筆』には、「湯具は伏縫いにした共紐がついている」といい、さらにその註書には、脚布は耳合せとも耳衣とも云う、ともある。

湯屋（師宣画）

湯もじには紐がついていて、腰に巻きその紐で結び留めた。これが本来の形だったのである。ところが註書にある「耳衣」「耳合せ」では、湯文字の布の縁（耳）を結び合せたのだった。師宣あたりの古画には裸女がこの耳合の湯文字をしている図がいくつかあるが、これを前で結んだものは、尻の方こそ包み隠されるけれども、前面下部はほとんど開いてしまって、肝心の前を隠すという意味では役立たないし、またこれを腰の横で結べば、片方の足の上腿辺りからやはり丸出しになってしまうのである。

普通の湯具は、巾広の布を後ろから前へ回して、前のところでは大きく合さり、この部分だけは布が二重になるようにして、やや長い紐で結び留める。それが後年の湯文字の形式だった。そして宝暦頃まで江戸の婦女の服装は、裾長の着物で湯もじも下の方まで長く垂れ、裾からチラついて見えたのであったが、宝暦明和以後の一般女性の間では湯もじは裾から出ないのが礼儀だといわれるようになった。

しかし、安永時代にはことに女性の流行に芝居風俗が多く採入れられるようになり、人気役者が舞台に用いた衣裳の色、縞、形などがすぐに街の評判になって、たちまち女性の間にまねられて流行した。咄本『春遊機嫌袋』にも出てくるような、町家の内儀が内腿にまで白粉を塗り、浅黄の湯もじをして歩いたのは、女の魅力を見せつけるためだったのであるし、この時代頃から商売女は緋縮緬の湯具を裾にヒラつかせ、白い脚をそこから覗かせて男ごころを悩ませたのであった。よって「ひぢりめん」といえば玄人女の代名詞にさえなっていた。

また、ある婦人は夏の夕涼みなどの折、湯上りの素肌に透綾を着て、ひと目を驚かしたが、腰のあたりだけは湯もじが二重になっているから透いて見える心配はなかった。

ところで畠山箕山の『色道大鏡』は、遊里研究書で、遊里風俗のこともよく書いているが、

遊女の湯具には由来紐をつけないのが定法であった。ただ腰に巻いてその端を折りまげ挟み留めた。

といっている。柳里恭の『独寝』にも遊里のことがいろいろ載っているが、大の遊女礼賛者だった彼はこの中ですべて女郎様と呼んでいるくらいで、書中二布の条には、

湯具に紐をつけて結び留めるなどは野暮の骨頂で、遊女が紐のない湯具をして思わぬときにこの二布がずり落ち、裸身をむき出しにしてしまうのも、また風情がある。

といった意味のことを書いている。かの流行唄「どんどん節」の文句には、

伊勢は津で持つ、津は伊勢でもつ、尾張名古屋は城でもつ、かかァのふんどしゃ紐でもつ。ドンドン。

というのもある。これは地名と名物の読み込み文句なのだが、こうした晒木綿の短かい湯もじに紐をつけて結んでいる風俗は、関東のもので、関西では近代の若い女性の和服姿にも、赤い湯もじに紐をつけず、巻い

た端を折りまげて挾む形式が行われていた。

紐のある無しにかかわらず、このような一枚布を腰に巻いただけの湯もじというものは、一見はなはだ不用心に思われるのも無理はない。しかし考えようによっては、すこぶる簡単で便利でもある。そして常にはこれでいちおう隠すべきところも隠せるし、この不用心さが一面には女の内股歩きを工夫させたし、転んでも決して膝頭は離さないとか、立ち居振舞に特殊な魅力のある女らしさの風俗を考案させたのであった。

遊女の湯もじ

遊女の湯もじには紐をつけないのが定法となったことは、稼業上からのいろいろな理由があったに違いないが、とくに遊客をあやなす手練手管に利用されていたのである。惚れた男に真情を示すためとて、帯を解くとか肌を許すという情交の言葉、裸寝によって特別の情を現わし、魅力をもたせて忘れられないものとしたり、さまざまだが、遊女の床の手段の一つには、寝ながら下腹部の筋肉の動かし方によって別に手を加えなくとも湯もじをはずし丸裸になる方法もあったという。かくて柳里恭が思わずずり落ちたときの風情も格別といってるのと同様に、そこに意外な効果を演出できるのも、紐のない湯もじの一面を物語っているような気がする。

近代のアメリカの映画女優、マリリン・モンローが肉体美の曲線を衣服の上から見せようとして、いわゆるモンロー・スタイルを流行させた。そしてついにぴったり肌についた長いドレスの下には、下着の段もできないようパンティすら用いなくしたといわれる。

わが国の湯もじも、そうした意味からではじつにさまざまに利用されてきた。

昔の罪人の拷問にあたっても、男女共下帯だけは許したが裸体で拷問にかけたのがあった。ところが常習的女囚など、拷問を免がれようとして、鞭打の途中故意にのけ反って股間を露わにし、処刑を中止させたという。女囚に対しては、そのような状態の処刑は取りやめねばならぬ規定だったからである。

また江戸時代には姦通者は、両者を裸にして晒し刑にしたのがあったが、上方で不義の心中者だかを墓場に晒し者にしたところが、見物人が多数押しかけたとの話もあった。

赤い女褌

『皇都午睡』には、天保の頃京坂、北陸などに「白湯文字」と呼ばれた密娼があったことが見えるが、玄人女が赤い湯もじを用いたのに対して、素人風を装った密娼だったのである。

宝暦以後の江戸の町芸者その他茶屋女など商売女が「ひぢりめん」の湯文字を用いたことは前にも述べたが、『安来節』の唄の文句には、

赤いおこしに迷わぬものは、木仏金仏石ぼとけ、千里走るよな汽車でさえ、赤い旗見りゃチョトとまる。

というのもあり、俗諺にも女に弱い男ごころを〝ゆもじに捲かれる〟といっているのだが、ことに赤い女褌は挑発的だった。

ちりめんは丈夫な布地で、衣服に使っても永持ちした。しかし、緋縮緬の湯文字は丈夫でも、ことに商売女など、色あせて古めいたものをいつまでもしめていることはできなかった。そこでこれらの古くなった布地はいったいどうなるのか、との疑問も当然である。それについて享和二年（一八〇二）の酒落本『あいかへし』の中には、「ふんどしの流れの末は、黒くして頭巾にする」との文句があり、ちりめんの古くなった

のを買い集めて、黒く染め返し宗十郎頭巾を作って売ったという。

宗十郎頭巾というのは、沢村宗十郎が初めて用いたのでこの名が出たといい、一種の「しころ頭巾」で、黒ちりめんの袷製、額、頬、顎を包み、左右の耳を被うために小鬢に細いしころをつけたものだった。宗十郎頭巾は寛延年間（一七八四～五一）に流行し出したといわれるが、それにしても褌が化けて顔を包む頭巾になるとは皮肉である。

湯巻

さて次に「湯巻」、俗に「いまき」との名も一般に湯もじの別称として用いられているのだが、元来これは、普通の服飾にいわれていた名だったのである。むかし貴人の入浴にはその世話係として仕えた女官や女中達が、自分の着物がぬれないように、着衣の上から着たエプロン同様のもので、それが「湯巻」だった。だから女褌ではなかったわけだが、女褌をそれに擬して呼称としたか。後に普通の湯巻も服装化してマチのない袴、つまりスカート風のものが現われ、模様入のものや、あるいは緋袴の略装として緋無地の湯巻が用いられ、右脇の紐を片手結びにしたものだったという。これも元来浴場に関係のある服装だったけれども、いわゆる下裳の湯具とは別に起こり、後に女褌の異名に転用されたのである。

次にもう一つ、「腰巻」という似たような異名もある。しかしこれも普通の服飾上にあった名から転じて女褌の俗称となったものだった。普道の服装での腰巻は、鎌倉時代以後の庶民階層に行われていた摺（ずり）のことだという。その頃の庶民階層の女は、みな着物をきわめて短かく着て、膝のあたりまで出していた。そこであたかも湯巻のように「ずり」を腰に巻いた。これが腰巻だったのであり、かの「前垂」や「前掛」風俗もこの摺から変化した服飾だったといわれる。そのためでもあろうか、人前に出るときには、失礼なことだとして、前垂などは取りはずしたのが常の作法となっていた。

『嬉遊笑覧』には、

女褌を腰巻と称するようになったのは、江戸の文政末頃からだったといい、近頃は老若をいわず、すべてその年頃に応じた染色模様をつけて、湯具めくものを裏付で袷仕立として作り、湯具の上にまいて、これを、腰巻と称えて出して歩く、この腰巻を「蹴出し」と名づける。

との記が見える。そして〝湯具めくもの〟とて湯もじではない意味で、腰巻は袷仕立にして常の湯もじの上にもう一つ重ねて巻いたのだった。京坂ではこれを「裾除け」ともいって、じつは着物の裾がすり切れるのを防ぐために用い、この腰巻だけを取替えれば済むし、さまざまな色模様を使って美しい下着を思わせる実用的な考案だったのである。したがって普通の湯もじが短かくなっても、裾を美しく飾ることができたし、それを蹴立てて歩いたので「蹴出し」といったのである。『守貞謾稿』には、「腰巻は古の「小うちぎ」の遺風か」とあり、「御殿女は長襦袢というを用いず、また湯具は必ず白絹也」ともいっている。

ところで『俗つれづれ』には、

白き袷縫いの「きやふ」すそにしづを四所につくる。

といっている。この「脚布」との名も『男色大鑑』（貞享四年）その他の書にしばしば出てくる上方の呼称で、元禄以前からいわれてきたようだが、袷仕立であった点など「腰巻」の蹴出しと同様で、やはり俗には女褌の別称に用いられたのである。しづとは鎮（おもり）のことで、あたかも投網のおもりのように脚布の裾四カ所に鉛のおもりをつけたのだった。ここではそれによって「脚布」がいたずらに足にからみついたり、不様な形でせっかくの魅力が失われないようにとの考案だったのであろう。

「うちぎ」は、平安時代の貴婦人の服装で、上衣の下に重ねて着た褻衣という。そこで肌近く着けた衣との意味から、「内具」（俗つれづれ）、「内衣」（西鶴の織留）などいずれもこれを「ゆぐ」と訓ませ、湯もじと同義の名としている。

次に「二布」の異称では、二布（ふたの一代男）、二幅（ふたの男色大鑑）、二の物（ふたのもの一代女）などの文字があり、元禄頃の浮世草子の中に出てくる名だった。つまり、並巾二枚分の巾の布を横に使って腰から垂れると、丁度膝のあたりまできて裾から見える程長いものとはならなかった。そして腰に巻く方は肥満したものとか、痩形の女とかによって、布の長さの方で適宜にきめて切ればよかった。

褌（ふどし）、下帯などは男女に共通して用いられる称で、もちろん男女ともわが国の服装にはこの具が行われるようになったのも、和服形態からきた自然の結果だといえるかも知れない。

「ふどし」は踏み通しの意味の名といい、古昔の下裳、長袴着用などわが国の服装がズボン式のものから発達したことを物語るものである。そして男の褌には、「犢鼻褌」（わりふどし）、「六尺ふんどし」「越中褌」「もっこ褌」その他にも方言での称など加えるといくつかの名がある。また風呂に関連のあるものとしては「風呂ふどし」があり、『骨董集』には、

宝永の頃まで風呂ふどしというものありて、常のふどしに結びかえて風呂入りしたる証なり。

といっているが、これについては前に別記した。

『武道伝来記』の中には「恥かくし」と呼んだことが見え、古くは褌にこの俗称があったことは珍らしい文献といえるだろう。隠語には近代にも「やちかくし」との称が行われていた。女褌の名であり、谷地とは

地名にもあるが、沼沢湿地帯を指す名でそれから転じて女陰名異称ともなっているからだった。川柳などではさらに「陣幕」「御戸帳」などの形容俗称もある。

湯屋組合と定め

♨湯屋組合

銭湯組合は、江戸のほか京坂にもあった。江戸では、文化七年五月十八日府内湯屋十組と定められた。『洗湯手引草』には一番組（小組五組七十六株）、二番組（五組八十三株）、三番組（三組四十七株）、四番組（四組三十九株）、五番組（二組三十四株）、六番組（四組六十六株）、七番組（七組七十株）、八番組（四組四十四株）、九番組（三組四十一株）、十番組（一組二十三株）。

合計小組合三十八組、　五百二十三株

男女両風呂　三百七十株

男一ト風呂　百四十一株

女一ト風呂　十一株

以上十組の各町割も掲げられている。この男一ト風呂、女一ト風呂というのは男湯、女湯各専門の湯屋のことと思われ、女一ト風呂は当時で十一軒ある。各組の大行事（仲間組合の世話役担当者）が定まったのも同時で、文化七午年五月十八日番組定り、天保十三寅年三月三日湯株滅却す。年数三十三年になる。大行事諸帳面箱共三番組より四番組へ相渡す。

とあって、天保十三年に湯屋株というものを廃止されたので、それまで半年交替で行事を勤め六十四代で終わったのだった。

湯屋の定書

湯屋組合ができてから、湯屋の規定や浴客の心得などを記して、脱衣場や浴室の壁などに貼りだしたのが「定書」である。嘉永四年の『洗湯手引草』に示されているものでは、

定　（男湯の分）

一、御公儀様御法度之儀並に時々御触の趣、急度相守可申事。
一、火之元大切に相守可申事。
一、男女入込湯御停止之事。
一、風烈之節は何時に不限相仕舞可申事。
一、喧嘩口論惣而物騒敷儀堅く御無用之事。
一、金銀其外御大切之品御持参にて御入湯被下間敷候事。
一、御老人並に御病後之御方御一人にて御入湯堅く御無用之事。
一、悪敷病体之御方御入湯堅く御断申候事。
一、頬冠並に素裸にて着類御持出し被成候儀堅く御無用之事。
一、うせもの不存、衣類等御銘々様御用心被下候事。

一、預り物一切不仕候事。
右之通御承知之上御入湯可被下候
月　日　以上

定　（女湯の分）

一、御公儀様御法度之儀かたく相守可申事。
一、火のもと大切に相まもり可申事。
一、男女入込湯御停止之事。
一、風はげしき節は何時によらず相仕舞申候事。
一、御年寄並に御病後の御かたさま御ひとりにて御出御無用之事。
一、衣るい御めい〳〵様にて御用心可被下候事。
一、うせもの不存、あづかり物一切いたし不申候事。
右之通御承知の上御入湯可被下候
月　日　以上

とある。当時の入湯心得がだいたいわかるだろう。近年の銭湯にもこの「店法度書」が、文句は変わっているが出されている。

この「定書」にある〝頬冠並に素裸にて着類持出し無用〟〝失世物不存、銘々にて用心〟というのは、いわゆる「板の間稼ぎ」の盗難についての条項である。頬冠りして人相を知られないようにするとか、裸で帰るふ

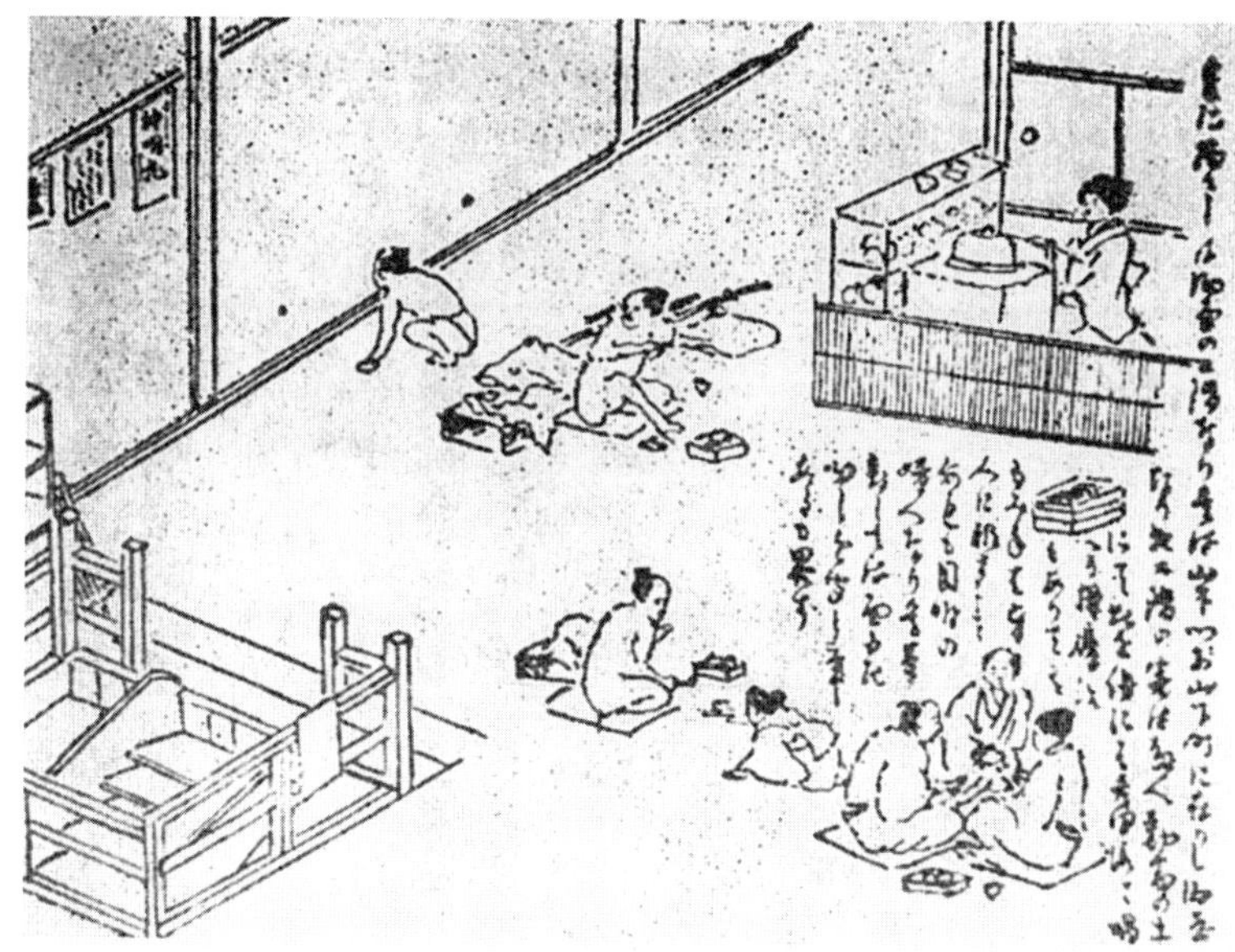

江戸の湯屋二階（『江戸東京実見画録』より）

明治の銭湯とランプ

りをして着物を抱え、ついでに他人の衣類までいっしょに持って行ってしまうからだった。あるいは威勢のよい調子で褌一つに手拭を下げて入って来て、出て行くときには他人の着物を着込んで平然と帰るのもあったし、自分の着衣の下に盗んだ着物を着て行ってしまうのもあった。盗られた方は、湯から上って見ると着て来た着物がない、これでは裸で帰るほかないといった有様。着物に限らず財布をとられても損害である。

番台はそのための出入浴客の監視役なのであり、料金を受取るばかりが役目ではないとの理屈もいちおう考えられるけれども、雑踏する人々の持物衣類などを、いちいち覚えられないので不可抗力だとの云い分もあるが、弁償の意味でなくとも客が帰宅できるよう着物を貸し与えるとか、履物の代わりを与えるとかする。そのために、失せ物不存、預り物もしない、各自で用心するように定書に書き出しているのである。

浴客から強硬に銭湯側の責任を主張した場合には、果たしてかかる掲示のあるなしに限らず、どちらの責任となるのか、近代問題になったことがあるようだが、結局盗む者の悪いのは当然ながら、そこまで番台の者に責任をとらせることは無理だとされたという。

とにかく入浴には、素裸となることだから、ことにむかしの旅先の宿では胴巻の大金など、湯殿の脱衣場まで持って行ってもかえって危いし、留守の部屋にどうひと目につかぬように置くか、『旅行用心集』などにもいろいろと記されている。

♨ 湯銭

湯銭とは、入浴料のことである。湯屋の字義的本来の意味では、

湯屋とは湯を商う店のことで、銭湯に同じく、銭を出して湯をつかうこと。

と古書に説明がある。後年の銭湯では、普通の入浴料のほかに、髪洗いとか流しの料金が別に定められたりした。そして湯屋では燃料の値上りその他の営業費の変動によって、湯銭が時代的にもしばしば変わった。

明治維新のときには、武家が解体され従来江戸に暮していた武士が、従者下僕には暇を出し、家邸家財を売り払って、それぞれ転業したり各地に散っていったから、江戸の古い家の売物やら取こわし家屋がたくさんにできて、湯屋の焚きものは有余る状態となったことがある。

また上方では以前から、湯桶は浅い小型のものを用いて、浴客に無駄な湯を使わせないようにしていた。現代でも銭湯で女の髪洗い客を監視して無料洗髪を許さないのである。このように同じ入浴料でも湯をたくさん使われないためにいろいろと工夫された面もある。

明治大正頃までは俗に豆腐一丁代と湯銭とはつねに一致してきたといわれたものだが、それには特別の関連理由はなかった。江戸時代からの湯銭の変遷は次のとおりであるが、浮世絵の銭湯図などでは、それに現われている湯銭の貼紙によって、いつ頃の銭湯情景なのだか知ることができるだろう。

湯銭の変遷

湯銭の変遷のことは『洗湯手引草』の中にその記録が載っている。『浮世風呂』の中には番台で売った糠袋代は四文とあり、祝儀のおひねり十二文、その他の物価のこともでてきて比較することができる。

明和の末頃までは一般の銭湯の湯銭は、大人六文、子供四文だった。寛永頃の湯女風呂の湯銭は六文だったという（『洗湯手引草』）。安永にはこの湯女風呂がほとんど衰微し、市中には踊子や水茶屋女が流行し始めたことなどから、一般の湯屋風呂屋がようやく目立って発展しだしたと思われる。その後諸物価の変動に伴い多小湯銭の高低があった。

寛政年間には、幕府の定めによって、大人十文、子供八文ということになった。この頃には男女入込湯も行われて遂に禁止された年代だった。

文政三年には、諸国豊作、諸色値下げを仰出され、湯銭一人前九文となる。

天保十三年、天保の改革のため、この年からまた大人小人共一人前六文とされた。この間天保十年には随意にて十文となったが、十二年の末には一人前八文に値下げされたのだった。しかし、さらに天保十三年五月の触書に、

湯銭の儀、此節一人八文に引下げ有之候得共、諸色御世話被為在追々引下げ候間、釣合に不相当に候間大入子供とも一統に一人六文に為引下可申旨、今日南御番所御掛方被仰渡候間、湯銭一人六文に湯屋共表へ張出し候様、組合限り行届き候様御取計可被成候、此段御達申候

と通達した。

弘化二年には、また大人八文となったが、この頃には物価値上りにて営業困難となったため、当分の間大人八文、子供四文との許可を受け、これは特に張札に書き出さぬこととした。

明治十二年には大人一銭、小人五厘と定められ、二十年に一銭五厘、二十九年に二銭、三十五年には二銭五厘、四十二年には三銭となった。

大正度では、大正三年に一時四銭となったが、大正六年からは警視庁令の取締りを受けることとなり。以後東京市内では大人小人とも三銭だった。六年には大人四銭、小人三銭となり、九年には五銭となった。さらに十年には大人六銭、小人五銭と値上された。十一年には大人五銭、小人四銭となった。

洗湯手引草

嘉永四辛寅年五月、当時風来山人向晦亭等琳の序のある銭湯関係書である。

目　次

洗湯の由来、湯語教、湯屋番組大意、同十組割付、大行事順番付、湯屋万年暦、中昔湯屋諸興記、見世法度書の事、湯屋預り証文の事、湯屋舗金証文の事、同売渡証文の事、薪買出し早割付、奉公人請状の事、同引取一札の事、諸薪古木の坪割、同車にて積込の員数、松材坪割直段付、三宝日を知る事、（以上）四十二丁である。序文その他主要項目は次に掲げる。

序　文（一部仮名に書き直したところがある）

それ湯屋家業ほど人をさとすに捷径の教なるはなし、其故如何となれば高貴も、いやしきも湯を浴せんとて裸になるは、天地自然の道理にて、二本さしたる御武家かたも、十徳着たる医者さんも、権助どのもおさんどのも、お坊さんも吾儘子（だだっこ）も、産れたままの容にて、惜い欲しいも西の海へさらり、無欲のかたちや欲垢も梵脳とあらい清めて、浄湯（おかゆ）を浴れば且那様も権助もどれがどれやら同じ裸身、仏きらいの老人も、風呂へ這れば吾しらず、念仏題目申すもあり、向う見ずの侠客（いさみきやく）も裸になれば、前をおさえて己から恥をしり、猛き武士のあたまから湯をかけられても、人込みじゃと堪忍を守り、石榴口をくぐる時は御免なさいと屈るのは、是洗湯の徳ならずや、無筆むさんではじめても、やす〳〵暮して過ぎぬるは、則洗湯人ころさず、さればにや銭湯に五常の道あり、湯をもって身をあたため垢を落し、病を治し、草臥を休め、疾ひぜんにはかゆみをとめ、心よくその夜とっくり臥しめるのは、是則仁ならずや。

小桶のおあきは御座りませんかと、他人の桶に手をかけず、留桶を我儘につかわず、また急いであけて貸すたぐい。懇意の仁には汲で置など、是全く義也。田舎者でござい、冷えものでござい、御免なさい、或はおゆるり又は御先へとのべ、或はお静か、おゆるりなど、番頭どのは叮寧に挨拶す事は、則ち礼也。糠あらいこ軽石あるいは糸瓜の皮で垢を落し、石ころで毛を切り、なでつけ櫛で髪形を直すたぐい、則ち智也。湯が熱いといえば水をうめ、ぬるいといえば湯をうめ、互に背中をながしあい、老たる仁には湯を汲でやるたぐい、則ち信也。かかる目出度渡世なれば、水舟の升(ます)、陸湯(おかゆ)の桶、水の方円に随う道理をよく悟りて、流しの板の如く己が心を常に磨き、もろもろの垢をたける事なかれ。この道理をわきまえず、心に驕奢の風立たば身家(しんだい)は何時にても早仕舞也。五倫五躰は天地よりの預りもの、大切の品御持参之節は、見世先万事に心をつけ、喧嘩口論、喜怒哀楽の高声御無用、この文言をとくと守り申すべきは、呼鳴序文〳〵と湯を汲むように、日々の催促いなみがたく、且は学者の見る者にもあらざれば、おこがましくも筆をとりて、くだらぬ事を如此、右之通御承知の上御入湯家業可被成候　以上

当時風来山人

嘉永四辛亥年五月向晦亭等琳

しるす

洗湯の由来

人皇四十五代聖武皇帝は仁徳の君にましましければ、皇后も専ら仏法を信じさせたまい、多くの仏舎を建、僧を供養し給い、大乗根機浅からず、あわれみを垂れたまいし故、己に仏神擁護の奇特あらわ

れ、御身より光明輝きければ、時の人光明皇后とあがめ奉りしとかや、しかるに即身即仏なりと怠慢の障碍にて、光明たちまち消失せり、ここに於て后大いに驚嘆し、大慈の悲願を発起し給い、破風造りの浴室を営み、千人の垢をあらい清め給わんと誓いて、自ら往来凡下の旅人貴賤をわかたず流しさり給うそかしこくもかたじけなき、されば九百九十九人の数も満て、今一人にて大願成就に至るとき、忽然として一人の乞丐(かったい)人出来たり、総身ただれ膿血ほとばしり嗅気堪かたく、多くの宮女鼻を掩いて、かたわらによるもの更になし、后これをもいとい給わず、いかでか悲願を空うせんとて、自ら汚穢の旧垢を流浄めたまいけるに、乞丐怡然としてわが瘡膿痒うして堪えかたし、口にて吸出し給わらんやと云いけるを、后のぞみにまかせて、悉く悪膿を吸い給わらんとしたもう時に、乞丐の身より金色のひかりを放ち、善哉、我は東方阿閦仏なりとのたまいて、紫雲のうちに入り給えば、后も再び光明赫々とあらわれけるこそ、ありがたけれ、今に其事蹟奈良の里に残りける。これ洗湯の濫觴にて風呂の上に破風を付せし由来なりける。

湯語教

これは「実語教」に擬して湯屋家業のこと、その他湯屋関係のさまざまなことを説いている戯書であるが、風俗的に参考となる事項も少なくない。原文は、漢文体で記されているのだが、ここには読み下しの和文にした。

薪高きが故に多分（たんと）焚かず、古木あるを以て薪貴しとなす。
株肥えたるが故に預かり人引合わず、客数多（たんと）あるを以て貴しとす。
湯屋は是れ一生の財（たから）、身滅しても則ち子は株主となる。
湯株これ万代の財、命終っても必ず滅することなかれ。
湯屋磨かざれば光沢（ひかり）なし、光無きは常に客人入らず。
石垣磨かざれば糠汁で穢れ、奇麗な湯屋は常に繁昌。
風呂の内の湯は減ることあり、井の内の水は減ることなし。
一日の現金を積むと雖も、一日の薪（たきぎ）前には如かず。
冬は商売常に引合わず、夏の内に心掛けて残すべし。
釜厚ければ永く損せず涌くこと遅し、釜薄ければこれ財物の釜とす。
一日薪一本余けいに焚けば、三百六十本むだに焚く。
一本おろそかにせざれ数日を助く、況一生数年の損か。
かるが故に客ばかり余らず足らず、心付けて釜前を焚くべし。

召仕たとえば手足の如し、朝夕御客に愛想をつくせ。
四大日々に盗賊に逢えば、心神種々に苦労する。
すいた時怠りなくよく番をせざれば、盗まれて後恨み悔むといえども、
猶言いわけ所益あることなし、故に夏は眠りを催して番を怠るなかれ。
添番台に座れば眠りを増す、込合う中立番怠ることなかれ。
隣りの湯屋と常に気が合わず、表向きよくして心に針を用いるが如し。
我他人の徳意を取れば、他人またわが徳意を取る。
これをあらそえば互に商売にならず、夏の虫の飛んで火に入るが如し。
泰平の国恩天地の如し、徳沢の恵み渡世安堵する。
株主のお陰日月の如し、手薄にして手厚き影の映るが如し。
水の恩は海より深し、上水夏はなまぬるくして冬は氷の如し。
堀井戸夏は冷やかにして冬はあたたかく、深井戸の綱は早く取替うべし。
薪の徳は山より高し、本所薪より海薪徳なり。
転放（てんぽう）一両人押うべし、大勢押えれば終に喧嘩となる。
三宝のおひねり落銭を除ける、これ無銭の埋草にする。
弱い哉弱い哉この商売、お前の御無理はごもっとも。
わずかな湯銭で子供を引連れ、あてがいの八文で湯を浴びること滝の如し。
熱いと云う者有りぬるいと云う人あり、木魚の真似をして念仏を唱う。

しやがれた声で浄瑠璃をうなる。まぜ返されて熱くなって腹を立つ。
果ては小桶を撒り湯を仕舞わせ、或は風呂の中へ灰墨を放つ。
無尽まじないに軽石を盗み隠す、着物を借りて更にもって返さず。
かかる不人情の輩は早く断るべし、女髪を洗い糠袋を返さす。
中の湯を汲んで人に愛想をする、裸躰で礼儀を延べ長湯をする。
子供の月代を剃って泣きわめく、小桶を畳際わまで引付け。
餅はかび雷干は夕立に合い、嫁姑の噂をして沢庵酢くなる。
ごたまぜ喧々噺、昼より来って夕方帰る何んということぞ。
朝暗きうちより来って戸を叩き、晩は五つ打って来り枡をあてがい。
夏は暑さをしのぎ冬は寒さを防ぐ、一日の休みに困ることを顧みず。
気儘我儘仕次第、安いかな安いかなこの商売。
これらの人皆もの云えば腹立つ、腹立つときはその客来らず。
客は店の仕なりによる、云うことあらば書付けて店に張り置け。
柔和忍辱ただ堪忍、日々に新らたにまた新らたに仕込め。
鉄砲鞘ぎわは八歩に拵え、前栓つけて中の泥を払うべし。
風呂三寸の前栓を以て、五つの鐘ともろともに抜く。
風呂の内の上り段は近頃より、板の間の深きは見込悪ろし。
底浅き褌たらいは不浄といって、近頃まであって今は無し。

湯屋の衆板の間の下水に、不浄を行うべからず下もの病いをする。
火袋作り塗家に建て上げ、西北を塞いで煙を東南にはなせよ。
煙除けの囲いは火の用心悪し、休み毎に火袋の煤を払うべし。
鈍き釜前は焚前に損失あり。短慮な召仕いは客にさからう。
埃拾う人無筆の薄芸、人給金五両に召使えば、
我また給金を増して七両に使う、いわゆる虎狼を家に養うが如し。
故に増長して高き給金を取る、日影に寄り集って昼眠をする。
雨降りを好んで丸休みをしながら、虚病を構えて給金を踏まんと欲す。
自ら不儀にしてかかる召使いを抱え、已れが貧欲に迷い却って禍を招く。
八正の道湯屋多しと雖も、堪とあるところは必ず商売にならず。
多年所に馴れて離れざれば、家業安きこと泰山の如し。
御触の趣堅く相守るべく、男女入込停止すべし。
風烈しき時は早く仕舞うべし、悪しき病躰入れべからず。
生酔い病み上り者は断るべし、頬冠り着物を抱えるのは禁ずべし。
但し湯屋あれば仲間あり。仲間あれば法あり法あれば、議定あり。
議定立って株となる、しかれども預り人おのれが身を達せんとす。
唯埃引当に揚金を増す、湯株頂上して高金となる。
故に天満つると欠く時成るかな、御趣意御改革に変る。

文化戊辰華月に願って、庚午皐月中の八日。
願叶って仲間十組に定まる、丹誠株わずか三十三年。
当天保十三壬寅、華月三日湯株滅す。
嗚呼天然時なるかな、大小人湯価六銅に定まる。
湯株猶石瓦のごとし、新湯出でて二竜の玉を争う。
しかりと雖も隣り同士心を合わせ、猶株面またそのうちに有り。
湯屋は才無く愚鈍なりと雖も、ただ冥利を守って掛引なし、
他家業の意味を知らず、猶小遣銭の足ることを忘れず。
終身この商売に離るることなかれ、必ず火之用心怠ることなかれ。
故に末代湯屋の衆、先ずこの書こぢつけを見、
見る者誹謗して譏るべし、聞く者はくしやみして笑いを生ずべし。

湯語教　終

湯屋万歳暦

一、寛永の始に弥宜町に洗湯初まりて酒客をいたし、酌取背中を流し、是を湯女と名づくる。今のよし町也。夫より追々所々へ出来て、正保の初に訳あって酒客酌取相止む。湯銭一人前六文づつにして当世の湯屋にことなる事なし。

一、慶安の頃までは男女共に洗湯へ行に、別に褌を持来りて是をしめかえて湯に入る。上る時は底浅き下盥にて洗い流し、持かえる。是を湯もじという。その後手拭にて前を隠し湯に入し事になりしが、下盥は天保の初め迄残りありしが、不浄というて近頃は一同になし。

一、明和の末迄は湯銭大人六文、子供四文、安永天明の頃に銭相場並に諸色の高下に応じて、八文、五文または六文、四文とその時々上り下り有しが、寛政六寅年二月より大人十二文子供八文と相定る。

一、寛政三寅年正月廿七日、世の中風俗よろしからずとあって、男女入込御停止となる。

一、享和の初頃までは、客人により銘々の印をつけし大きなる桶を湯屋へ預け有しが、その頃両国辺にて湯屋の若者桶を拵え置、背中を流す人につかわせる、是を廻しおけと名づけて、後に桶無尽始まる。預け桶は所により有しが今は大体なし。

一、文化三寅年三月四日、江戸中大火焼原となる。その中にて居風呂場所々にて焚き始む、番組定て後に薬湯と唱え、湯屋に妨する故に、番組湯屋より相手取り、御願い申立て取払に相成る。

一、文化十四丑年、七番組之内、赤坂組四谷組にて月に六日づつ竹林館と名付薬湯相焚き、三十六組の湯屋より相手取出入におよび相止む。

一、文化八未年、北国より埃拾い来って所々の湯屋にて埃古木焚きはじまる。
一、文政三辰年、諸国豊作にて諸色直下げ被仰出、湯銭一人前九文に御伺いの上是を取る。
一、文政五午年十一月、風呂のざくろ口硝子の前戸御停止に相成る。
一、文政十二丑年三月、江戸中大火にて一番二番三番九番右之内の湯屋百三十六軒焼失す。
一、文政の末に流し板の間より汲溢れを取る事はじまる。
一、天保元寅年、二番組と六番組と流木一件出入におよび佃島勝ちに相成る。
一、天保三辰年の頃より、年寄子供出入よろしきように風呂の内へ上りふみ段つける事はじまる。
一、天保五午年、駈付御役願一件に付、当組一と組と外九組と、もつれあい三ケ年にして後相止む。
一、天保十亥年より、自儘に湯銭十文づつ受取同十二丑年御改隔被仰出候に付相止む。
一、天保十三丑年十二月、御改隔被仰出諸株共追々御取潰しに相成、翌寅年五月十八日湯銭大人小人一人前六文に相成る。
一、市中洗湯湯銭之儀去る寅年中まで大人八文、小児六文づつ受取来候処、薪米その他諸色直段その砌引下げ候に付右釣合を以て大人小人共六文に引下げ可受取旨、御沙汰被為在候に付右之通り一統受取来り候処、去る巳年中より薪米その外諸色直段引上げ候に付、湯屋共引合兼難渋仕候に付、当分大人八文子供四文づつ受取候様仕候はば渡世取続可相成趣に付、私共より当月廿五日御伺申上候処、当分の内右之通受取家業可致、尤も当分之儀に付湯屋共見世へ湯銭高張紙等致間敷旨被仰渡奉畏候、組々早々申通じ区々に無之様可仕候、依之為後日御請書奉差上候、仍而如件　弘化三午年四月　右者昨二十九日市中御掛より被仰渡候間、御達申候、湯屋共見世先等へ張札不致様御取計可被

成候　以上
午五月朔日　　組合諸色掛

古来書留追々被仰渡之写左の通り

一、拙なき筆にまかせこの全部に写せしか、往古の事を能く調しに、むさしのに湯屋の始りは天正の頃伊勢国山田の生れにて、与市という人本所河岸にて洗湯を造り、永楽銭一文にて入湯いたさせ候由、―永楽銭一文はその後六文に当る―其後大江都追々繁昌になるに随い、所々へ湯風呂屋出来る。

一、寛文二寅年、大伝馬塩町湯屋四郎左衛門町御奉行所へ被召出左之通被仰渡候。
一、遊女為抱置申間敷候事。
一、火之用心堅相守可申候事。
一、湯風呂屋明ケ六ツ時より暮六ツ時迄焚仕舞可申事。
右三ケ条御触流し被仰付、其節四郎左衛門御請書差上申候
一、延宝三酉年十月、前文御触流し有之
一、元禄十二卯年六月、前書四郎左衛門（二代目）猶又前文御触流し被仰付候。
一、享保十二午年八月二十六日、横山町にて新規湯屋取建願候者有之候処、為御見分御役人方御両人御出役、隣町差障人有之に付御差留に相成る。
一、享和三亥年十一月、中町御触左之通
町中にて新規湯屋渡世相始候節は是迄奉行所へ願出糺の上申付候処、以来は願出候に不及候間有来

候湯屋共渡世差障に不相成候様熟談におよび差支無之分は、町年寄方へ願出差図可受候、尤先達て相触之通り男女入込湯決して致間敷候、同渡世の者共相互に糺し合、若し内々にて入込湯致し候もの有之候はば可訴出、糺しの上急度咎可申付、

右之通り御奉行所より被仰渡候間町中湯屋渡世のものは不及申家持借屋裏々まで不洩様可相触候。

一、安政四巳年三月二十三日、町御触左之通

町中にて新規湯屋渡世相始候節、並所替之類共いづれも古来は月番の番所へ願出糺しの上申付、其段言上帳付致し来り、既に享和度以来は町年寄も願出差図可請方相触、文化度より一旦組合仲間取極りおのずから新規取建候類中絶致し候得共、尚又去丑年組合停止に相成候上は、他家業と違い火之元取締りにも拘り候儀に付、其後新規に相始候類は、奉行所へ伺出可申筈の処、渡世勝手次第にて己自儘に存建候故、既に及出入候も有之、品々及混雑不取締の趣に相聞候、右は畢竟先年の振合等年暦も相立、町役人共初め不弁故の儀より相聞候に付、是まで追々取建候分は別段不及沙汰候間、以来は享和度触置候通り新規は勿論所替、模様替共いちいち町年寄方へ願出差図を請可申候、尤右之通り相成候とて株式仲間取極り候様と心得違い、自己の申合等致候も、決して不相成軒数増減はいよいよ勝手次第の事に付、右之趣相心得此上猥の儀無之様可致候。

右の通り町中不洩様可触知もの也。

一、安政五午年七月、町御奉行所より薬湯寸尺の極め被仰出、八月朔日町年寄御役所において南北小口年番名主へ被仰渡の写左之通申渡。

市中薬湯渡世の儀、文化三辰年風呂寸法等取極申渡置候趣も有之処、近来追々猥に相成男女入込に

て深更までも渡世致し又は薬湯の名目を以て高直の湯銭請取洗湯に紛敷類も有之やに相聞、火之元の為にも不相成、既に先年吟味の上咎申付とも有之処、右は畢竟洗湯とは訳違い勝手渡世相始候故、自然と取締りも崩れ候儀と相聞候に付、以来は文化度申渡置候通り相守り男女二タ風呂とも差渡し二尺一寸に二尺六寸に致し、尤も男女同風呂にては不相成差別を立、惣じて紛敷儀無之正路に渡世可致旨、名主支配限り急度申付候様可致候。

一、慶応三卯年一月、仰渡された湯屋並薬湯渡世のものへの達し。（追記）

市中湯屋渡世のものども新規は勿論、取替模様替とも町年寄どもへ申立差図可請旨、去る巳年相触置候処、近頃場末町々または類焼湯のうちに有来り候男女風呂を一ト風呂に致し候もの有之候由相聞へ右は前々より度々相触候通り、男女入込湯は難相成、男女湯の差別相立、その段町年寄共へ可相届、且薬湯渡世の儀去る午年申渡し候趣も有之候ところ、追々猥に相成男女入込にて深更まで渡世致し候ものも有之やに相聞へ、火之元のためにも不宜候間斯而申渡し候趣、堅く相守不取締りの儀無之様致し、同渡世のものども相互に糺し合、内々にて入込湯致し候もの有之候はば可訴出、糺しの上急度可及沙汰候間心得違いの者無之様、名主共支配限り早々可申通、右之通り被仰渡奉畏候、

仍而如件

銭湯略年表

天正18年（一五九〇）　大坂に風呂屋現わる（『歴世女装考』）。

〃19年（一五九一）　江戸に初めて銭湯出来る（『そぞろ物語』）。

慶長5年（一六〇〇）　銭湯にて武士の喧嘩事件あり、武士の銭湯通いが禁じられた。

〃17年（一六一二）　片桐旦元兵庫の宿への覚書に湯屋風呂、傾城屋のこと見ゆ。

〃19年（一六一四）　大谷隼人の考案という据風呂江戸に伝えられる。

寛永10年（一六三三）　江戸に湯女風呂流行し吉原衰微す。湯女この頃より遊女化し、大湯女、小湯女の別を生ず（『歴世女装考』）。

〃14年（一六三七）　江戸では湯女は三人限りと定め、違反者は吉原大門外にて刑に処すとの令出る。

〃18年（一六四一）　この年『そぞろ物語』刊、町毎に風呂ありとの記がある。

正保2年（一六四五）　風呂屋に客の宿泊することを禁ず。

〃3年（一六四六）　風呂屋の鑑板売買を禁ず。勝山丹前風呂の湯女となる。

慶安元年（一六四八）　江戸市中の湯女を禁ず。

〃4年（一六五一）　湯屋鑑板の売買を制限す（正保三年参照）。湯女の転売借を禁ず。

〃5年（一六五二）　この頃男女とも入浴には風呂褌をした（『洗湯手引草』）。

承応元年（一六五二）　湯女三人以上置くことを禁ず（寛永十四年参照）。

明暦2年（一六五六）　湯女制限令再発。傾城に紛らわしい装いを禁ず。

〃　3年（一六五七）　正月十八日、江戸大火あり、湯女風呂大検挙、風呂屋二百軒を取潰し処分にした。湯女勝山この年吉原入をす。

寛文2年（一六六二）　湯屋「定書」営業時間等三ケ条申渡あり（延宝三年、元禄十二年にも再度触流しあり）。

〃　5年（一六六五）　市中一般の銭湯この頃より追々盛んとなる。吉原に散茶女郎現わる。

〃　8年（一六六八）　風呂屋女の茶立女問題落着、この頃市中の売女大検挙あり、娼家七十余軒、妓五百十二人を処分、吉原へ送る。この頃より江戸の踊子流行す。

延宝2年（一六七四）　湯女風呂禁止再度触出さる。

元禄7年（一六九四）　髪結女を禁ず。

〃　12年（一六九九）　湯女に関する触出る。

〃　16年（一七〇三）　大震火災後、江戸の銭湯はようやく本来の湯屋形態のものとして発展。

宝永5年（一七〇八）　この頃江戸の民家に蒸風呂が行われていた。

正徳5年（一七一五）　京都にて風呂屋、据風呂等の調査行わる。

享 保 頃　江戸の湯屋に「廻し桶」始まる（『洗湯手引草』には享和の頃とあるが、享保が正当か）。

元文5年（一七四〇）　大坂で風呂屋の白人取締あり（上方にはこの頃まだ茶立女が流行していた）。

延享元年（一七四四）　上方で髪洗女、その他の取締令出る。

安永4年（一七七五）　この頃江戸の水茶屋、深川の岡場所など全盛、湯女衰微後これに代わって踊子、水茶屋女が起こった。

寛政2年（一七九〇）　湯女風呂撲滅のため湯屋の新規開業を不許可とした。

〃　3年（一七九一）　男女入込銭湯一切停止となる。「店法度書」男湯女湯別に張り出すこと寛政年中に始まるか。

享和3年（一八〇三）　十一月入込湯取締更に強化す。湯屋営業許可制となる。

文化3年（一八〇六）　江戸大火後に「薬湯」の入込湯現わる。薬湯の風呂の寸法を規定す（安政五年にも再触す）。

〃　7年（一八一〇）　江戸の湯屋組合大行事定まる。

〃　14年（一八一七）　薬湯「竹林館」停止となる。

文政5年（一八二二）　ざくろ口と硝子の前戸禁止さる（明治十二年にも禁令あり）。

〃　12年（一八二九）　江戸大火にて市中の湯屋百三十六軒焼失。この頃、流しの板の間より汲溢れの湯を取るもの現わる。

天保3年（一八三二）　この年浴槽内の踏段をつけること始まる。

天保13年（一八四二）　三月薬湯の入込湯禁止申渡あり（文化十四年参照）――三月三日湯屋株取潰となる。この年浴槽の仕切始まる。

明治5年（一八七二）　東京府令にて「男女入込洗湯不相成事」となる。この頃以後「改良風呂」の温泉式浴場現われ十年頃より諸所に起こる。

〃10年（一八七七）	湯屋の祝儀は正月松の内の初湯以外なくなる。
〃12年（一八七九）	銭湯設備の改良等からこの年再び「ざくろ風呂」禁止の令が出た。
〃14年（一八八一）	この頃「二階風呂」（女中湯）大いに繁昌し、銘酒屋と共に評判となったが、十五年の取締りにより絶ゆ。
〃18年（一八八五）	「湯屋取締令」出で、以後はすべてこれにより取締られることとなった。
〃20年（一八八七）	この年横浜に現われた薬湯「昇林館」有名となり銭湯の薬湯流行し出す。
〃33年（一九〇〇）	組合の規約改正で「改良風呂」に推移。この年組合銭湯には「白湯」の札を掲げさせ温泉風呂、薬湯と区別す。
〃40年（一九〇七）	この頃湯屋の「祝儀」に付注意通達出る。
大正初期（一九一二～一九二〇）	大正の初期頃まで東京の銭湯はまだ内部が板張りだったし、浴槽も木製で長方形の湯舟だった。この頃大森に「砂風呂」があった。
大正10年（一九二一）	この頃銭湯にタイル張りの丸浴槽のものが現われた。この年「流し」代金が湯銭と同額となり、三助と業主と折半となる。催し場は「菖蒲湯」と「ゆず湯」に限り各一日だけが許されることとなった。
〃11年（一九二二）	銭湯の「朝湯」この年限りで廃止され、午前十一時から夜までとなった。
〃12年（一九二三）	モダン風呂出現。コンクリート建て、タイル張りその他新様式に推移した。東京の銭湯が陸湯槽を廃してカラン制（蛇口）となったのは昭和二年（一九二七）からだった。

■著者紹介
中野栄三（なかの えいぞう）
近世庶民風俗研究家

〈主な著書〉
『珍具考』（第一出版・1951）、『陰石語彙』（紫書房・1952）、『旅枕五十三次』（紫書房・1953）、『江戸秘語事典』（雄山閣・1961）、『性風俗事典』（雄山閣・1963）、『遊女の生活』（雄山閣・1965）、『廓の生活』（雄山閣・1968）、『古画の秘所』（雄山閣・1968）、『性文学入門』（雄山閣・1969）、『川柳秘語事典』（檸檬社・1973）、『江戸時代好色文芸本事典』（雄山閣・1988）ほか多数。

昭和45年（1970）6月30日　初版発行
令和6年（2024）6月25日　第五版 発行　《検印省略》

銭湯の歴史【第五版】

著　者　中野栄三
発行者　宮田哲男
発行所　株式会社 雄山閣
〒102-0071　東京都千代田区富士見２－６－９
TEL 03-3262-3231(代)／FAX 03-3262-6938
振 替 00130-5-1685
https://www.yuzankaku.co.jp
印刷・製本　株式会社 ティーケー出版印刷

ISBN978-4-639-02986-1　C0021
N.D.C.383　216p　21㎝